Le Vénérable Guillaume Courtet.

ÉGLISE DE SÉRIGNAN.

Le premier Français martyrisé au Japon

OU VIE DU VÉNÉRABLE

Guillaume Courtet,

Religieux Dominicain,

PAR L'ABBÉ G. TARNIQUET,

Chanoine honoraire, Curé de Sérignan (Hérault).

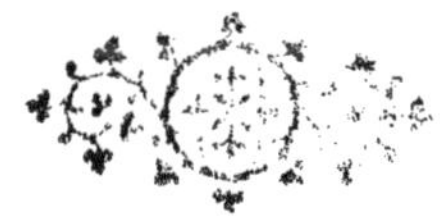

Société de Saint-Augustin,

DESCLÉE, DE BROUWER & Cie,

Imprimeurs des Facultés Catholiques de Lille.

Déclaration de l'Auteur.

NOUS protestons de notre pleine et entière soumission aux lois du St Siège, et particulièrement au décret d'Urbain VIII. S'il nous arrive d'employer certaines expressions, comme celles de Saint, de Bienheureux, de Martyr, nous ne voulons pas prévenir les jugements de l'Église, mais suivre simplement la pieuse impulsion de notre cœur.

Lettre de Monseigneur de Cabrières, évêque de Montpellier à l'auteur.

ÉVÊCHÉ DE MONTPELLIER.

Béziers, en la fête de St Aphrodise,
le 28 avril 1891.

CHER MONSIEUR LE CURÉ,

C'EST à Béziers, à une courte distance de cet agréable pays de Sérignan, où vit encore la mémoire bénie du vénérable Courtet, et où se trouvent encore quelques descendants de sa famille que j'achève de parcourir les pages pleines de foi et de patriotisme, par lesquelles vous avez voulu conserver à la postérité et soumettre au jugement de l'Église tous les souvenirs glorieux, gardés, depuis deux cents ans, dans votre paroisse à l'honneur du premier et du plus grand martyr français au Japon.

Je suis heureux de vous dire combien votre pieux travail m'a paru intéressant et attachant de la première ligne jusqu'à la dernière. Vous n'avez négligé aucun détail ; vous avez donné aux plus légers vestiges des traditions orales ou écrites relatives à votre héros, la valeur qu'ils méritaient ; vous avez emprunté à l'histoire générale du Languedoc, de la France et de l'Europe elle-même les traits qui pouvaient servir à mieux apprécier les services rendus par nos anciens missionnaires.

Il me semble que votre ouvrage est parfait de tous points ; il conquerra les suffrages de tous ceux qui aiment la Religion, qui veulent connaître toutes ses annales, si riches en exemples de zèle et de dévouement, et qui espèrent avec vous voir renaître dans le présent les saintes merveilles du temps passé.

*

L'Ordre illustre de Saint-Dominique, cher à notre province, où il est né, vous saura gré d'avoir tressé cette couronne pour l'un de ses fils les plus vaillants. Ici, vos paroissiens et vos confrères vous remercieront d'avoir secoué, d'une main si délicate et si intelligente, la poussière qui couvrait les esquisses hâtives que nous possédions de la noble physionomie du martyr Sérignanais.

Elle apparaît maintenant, dégagée de ce qui la voilait à nos yeux ; elle attire, elle charme, elle resplendit. Soyez béni de votre sollicitude à nous rendre dans leur entière fidélité les traits vénérés d'un figure, à laquelle notre diocèse doit tant de respect et d'hommages.

Vous avez trouvé des éditeurs accoutumés à faire de leurs publications une suite de chefs-d'œuvre typographiques. Vous êtes donc assuré que la *Vie du vénérable Père Courtet* se répandra dans les familles et y excitera, selon votre désir, l'émulation de la vertu et de la piété.

Je puis donc vous féliciter d'avoir entrepris l'œuvre, qui maintenant va paraître et justifier une fois de plus, la parole de nos saints livres : *Dieu est admirable dans ses saints.*

Agréez, cher Monsieur le curé, l'affectueuse assurance de mon dévouement paternel et respectueux en N. S.

✠ Fr. Marie-Anatole,
Évêque de Montpellier et de Béziers.

Lettre du R. Père Provincial, à l'auteur.

Toulouse, le 3 mai 1891.

MONSIEUR LE CURÉ,

JE viens de parcourir rapidement, mais non sans intérêt, l'ouvrage que vous avez écrit pour faire revivre la mémoire du Vénérable Père Courtet, et c'est sous une impression de vive satisfaction que je me hâte de vous envoyer, et mes félicitations pour le mérite réel de votre travail, et mes remerciements pour le plaisir que j'ai éprouvé, en le lisant.

Les enfants de Saint-Dominique, frères du bienheureux martyr, trouveront en lui un beau modèle à imiter, car ce qui frappe dans son histoire, ce n'est pas seulement son intrépidité, sa constance, sa sérénité au milieu des plus cruels tourments, ce sont surtout les vertus fortes et austères qu'il a pratiquées pendant de longues années, pour se préparer à un apostolat qui devait être si court. Le zèle des âmes, il l'a eu dès le début de sa vie religieuse, et cependant docile à la voix de l'obéissance, il attend patiemment l'heure marquée par la Providence, pour donner libre carrière à ses généreuses aspirations, et le futur apôtre du Japon passe la plus belle moitié de sa vie religieuse dons la solitude de nos couvents de Toulouse et de Saint-Maximin, livré tout entier aux rudes pratiques de la vie ascétique, ou absorbé dans les labeurs de l'étude. Par cette vie de renoncement et d'immolation volontaires, le Vénérable Père Courtet se préparait au sacrifice suprême, que Dieu devait lui demander un jour ; car s'il a montré tant de courage en face des supplices et de la mort, c'est parce que, de longue date, il s'était fait lui-même son propre bourreau, et que sa vie entière n'avait été qu'un holocauste perpétuel.

Aujourd'hui plus que jamais, il est utile de rappeler ces grands exemples, et je vous remercie, M. le curé, de les avoir remis sous nos yeux, dans la personne de ce glorieux martyr.

Votre livre édifiera tous ceux qui le liront ; mais il est appelé à faire du bien surtout aux frères de celui dont vous avez si bien su faire revivre le souvenir et les vertus. C'est pourquoi je remercie N.-S., de vous avoir inspiré la pensée de l'écrire, et je prie saint Dominique, dont vous avez glorifié le fils, de vous récompenser de vos veilles et de vos labeurs.

Veuillez agréer, Monsieur le curé, l'assurance de mes sentiments respectueux.

Fr. D. Gallais,
Prov. des FF. PP.

A

SA GRANDEUR

MGR DE ROVÉRIÉ DE CABRIÈRES

ÉVÊQUE DE MONTPELLIER

HOMMAGE RESPECTUEUX

ET

FILIAL.

PRÉFACE.

SUR les sollicitations pressantes de plusieurs personnes pieuses, j'eus la pensée, dès les premiers mois de l'année 1890, d'écrire une Notice sur Notre-Dame de Sérignan. Mon but était de mettre, sous les yeux de mes paroissiens, quelques pages de leur histoire, et, en décrivant les beautés artistiques de leur antique sanctuaire et les événements mémorables dont il fut le théâtre, d'exciter dans leur cœur un grand amour pour la Vierge de grâce, *patronne de leur église, qui pendant de longs siècles a béni et bénit encore leur pays, le plus beau du Biterrois. Cet opuscule devait être répandu dans les familles.*

Ce travail touchait à sa fin, lorsque, en compulsant les archives de la paroisse, le nom de Guillaume Courtet tomba plusieurs fois sous mes yeux. J'avais recueilli dans un grand nombre de familles, dans celle des Jammes en particulier, des détails intéressants sur sa vie et les souffrances de son martyre. La pensée, une fois la notice achevée, d'écrire l'histoire de ce vaillant confesseur de la foi, que le P. Alexandre de Rhodes appelle le plus grand martyr du Japon, se présenta naturellement à mon esprit.

Le P. Guillaume est le premier français tombé pour la cause du Christ, sur cette terre japonaise, qui a bu le sang de tant de héros chrétiens. La voix du patriotisme vibra dans mon cœur, et me pressa de compléter mon œuvre, en écrivant sa vie. La tâche était difficile, à cause de la distance, qui nous sépare de l'époque où il vivait, et de la rareté des documents.

La Providence m'inspira la pensée de communiquer mon projet à Monseigneur de Cabrières, qui, avec sa bonté habituelle, a daigné m'encourager et bénir cette œuvre.

Sa Grandeur a eu même l'exquise délicatesse de m'offrir la photographie du bienheureux, que le P. Lacordaire avait gardée précieusement dans sa cellule jusqu'au dernier jour de sa vie, et qu'il vénérait sans cesse. C'est à ce don généreux que doit revenir le succès de toutes mes recherches. Jusque-là, je n'avais, pour écrire l'histoire du P. Guillaume, que quelques notes, abondantes et précieuses sans doute, mais insuffisantes, qui appartenaient à sa famille, et... ma bonne volonté. A peine cette photographie était-elle dans ma paroisse, qu'elle devenait l'objet de la vénération des fidèles. On pria davantage le saint compatriote, et j'attribue à son intercession d'avoir pu, dès lors, mettre la main sur les documents les plus précieux. Ils ont éclairé la marche de l'historien, et suffisent, à mon humble avis, à part quelques points obscurs, que des chercheurs plus heureux éclairciront un jour, à montrer, et à faire admirer la belle physionomie du premier Français martyrisé au Japon.

Je place ce modeste travail sous la protection de Notre-Dame du Rosaire, dont notre héros fut un des plus fervents disciples. Qu'elle daigne bénir ces pages, et exciter, dans le cœur de ceux qui les liront, un plus grand amour pour cette dévotion, si chère, à tant de titres, au Souverain Pontife et à l'Église.

PREMIÈRE PARTIE.

Le Vénérable Guillaume Courtet,

RELIGIEUX.

Le Vénérable Guillaume Courtet.

Chapitre premier.

État de la province du Languedoc. — Mission providentielle de Guillaume Courtet.

LE Languedoc, la plus belle sans contredit et la plus importante des provinces méridionales, a toujours été le pays des grands enthousiasmes et des grandes faiblesses. Aux heures de détresse, alors que la monarchie était aux prises avec l'adversité, il prêta le généreux appui de ses trésors, de sa vaillance et de son sang au trône qui chancelait ; et nos rois, en reconnaissance de ses services, lui octroyaient des privilèges insignes, l'appelant *leur chère province, leur royaume.*

En d'autres temps, la royauté vit le Languedoc soulever l'étendard de la révolte.

Sous un soleil ardent, héritiers de l'impétuosité romaine et de la franchise gauloise, esprits exaltés et cœurs vaillants, nos compatriotes figurent, à toutes les époques de notre histoire nationale, comme un peuple valeureux, mais changeant ; irréfléchi, mais gardant toujours, jusque dans ses égarements, le culte du patriotisme.

L'Église, alors inséparable du trône, les trouva aussi enthousiastes et aussi versatiles : tour à tour disciples passionnés de la croix, ou victimes de l'erreur. L'égarement était prompt ; non moins prompt leur retour ; et les larmes du repentir suivaient de bien près les hontes de la faute. La foi était vive chez eux, pleine d'élan, trop profondément enracinée pour qu'ils méconnussent complètement les traditions de leurs aïeux.

Une hérésie, aussi absurde que néfaste, avait désolé ce beau pays et semé sur son passage des désolations et des ruines : l'hérésie des Albigeois, qui ne s'attaquait pas seulement aux

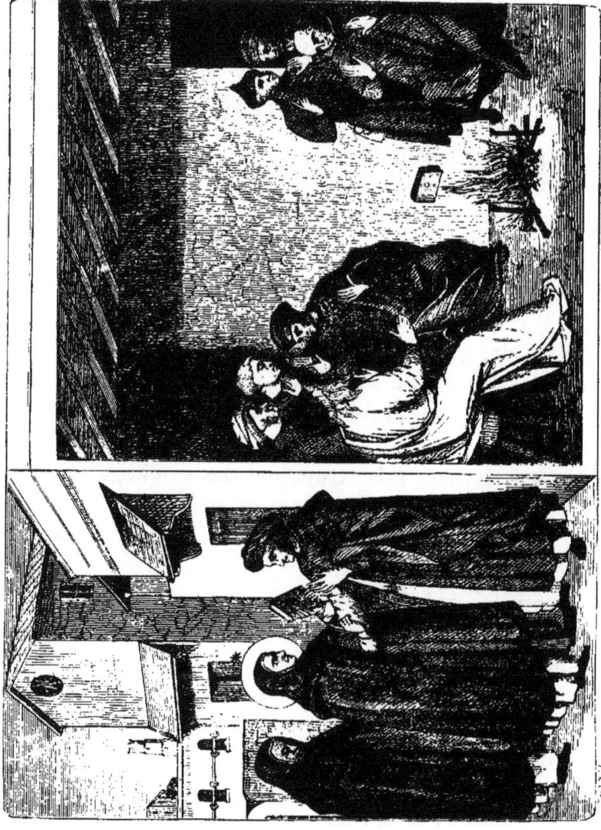

S. DOMINIQUE COMBAT L'HÉRÉSIE DES ALBIGEOIS, *peinture de Fra Angelico, XVe siècle.*

dogmes catholiques, mais sapait encore la morale et battait en brèche les principes sociaux. Le midi de la France était à feu et à sang ; les armes de Simon de Montfort, les prédications de saint Dominique, essayaient d'opposer une digue à ce torrent dévastateur, qui menaçait d'ensevelir, dans une même catastrophe, la foi du Christ et l'amour de la patrie.

Par un de ces revirements, que peuvent seuls expliquer l'attrait de la nouveauté et la corruption des mœurs, la noblesse méridionale, presque sans exception, était devenue favorable à l'hérésie ([1]), et tournait ses armes contre l'Église, non moins que contre l'État. Le peuple, de son côté, entraîné par l'exemple des seigneurs, prêtait l'appui de son bras aux nouveaux manichéens. Les Sérignanais eux-mêmes, un moment infidèles à leurs belles traditions de foi, se mirent au service de l'impiété.

Commandés par l'un d'entre eux, Bernard de Sérignan, ils livrèrent au pillage châteaux et abbayes ([2]), massacrant les catholiques, et semant les doctrines du mal. Le ciel intervint, et l'erreur vaincue, Sérignan rentra dans le devoir; son retour lui valut de nouveaux jours de piété et de splendeur.

Trois siècles après, éclata une catastrophe nouvelle plus désastreuse encore. « L'Église, qui deux fois déjà avait sauvé le monde, en le faisant sortir des ténèbres de la dégradation païenne, et en le tirant des horreurs de la barbarie », se trouvait en face d'une autre erreur, qui réclamait toutes ses forces vitales, toutes les énergies de sa foi, toutes les ressources de sa divine autorité.

Le protestantisme, hérésie savante et redoutable, venait de s'abattre sur l'Europe, et en particulier sur notre France catholique. Le midi passa dans le camp de l'erreur, et le Biterrois ([3]) ne fut pas le moins ardent et le moins prompt à entrer en lice, et à arborer l'étendard de la réforme. La lutte fut longue et terrible ; des torrents de sang se répandirent sur le beau sol du Languedoc, et grand nombre de consciences perdirent, dans ces temps troublés, l'honneur avec la foi. La

---

1. Le concours prêté à Raymond de Toulouse et à Trencavel de Béziers le prouve.

2. L'abbaye de St-Thibéry, qui avait pour prieur Béranger de Lodève, fut assiégée et prise d'assaut par Bernard de Sérignan, auquel s'étaient jointes les troupes des Albigeois.

3. Roger, vicomte de Béziers, se distingua surtout par son ardeur à combattre pour l'hérésie.

société était bouleversée, le trône tremblait sur ses bases, et la France, comme un navire sans pilote,menaçait de sombrer dans le vaste gouffre creusé par la révolte et l'impiété.

A la fin du seizième siècle surtout,siècle de lutte et d'égarement,la foi s'était amoindrie,et les mœurs en avaient reçu l'inévitable contrecoup.Le désordre était partout,dans les idées et dans les faits. Les malheurs publics,au lieu d'épurer, n'avaient fait que troubler les peuples et leurs guides. Les premiers avaient appris à trouver la révolte facile, les seconds à douter de leur autorité. Le pouvoir absolu,entre des mains habiles et intelligentes, eût été une protection efficace ; il ne se rencontra que des monarques faibles et licencieux. Une politique italienne, sans principes et sans scrupule, sans prudence et sans dignité, régissait la France, et forte de l'inertie du gouvernement, la réforme progressait, enfantant des violences, troublant toutes les notions de droit et de devoir, de justice et de vérité, et affaiblissant les plus sûres sauvegardes sociales.

Il y avait dans les esprits un mouvement irrésistible vers les nouveautés. C'en était fait du catholicisme en France. Il ne fallut rien moins que le génie de Henri IV,et la main ferme de Richelieu,pour abattre l'hydre de la réforme.

L'intervention de la Providence était nécessaire pour que la France, qui avait une mission à remplir, comprît son erreur, et reconnaissant ce qu'elle devait à des traditions respectables par leur antiquité et leurs bienfaits,sortît de l'abîme de ses hontes et de ses abaissements.

Nous croyons à la mission providentielle des peuples, et nous savons que chacun a son rôle tracé dans l'humanité. Nous croyons aussi que, puisqu'ils n'ont pas d'existence au delà de la tombe, ils doivent trouver, tôt ou tard ici-bas, la sanction de leurs actes : la récompense ou le châtiment, la perte ou le salut. Dieu n'abandonnera pas la France, nous en avons la conviction intime, dans notre cœur de patriote et de catholique. Dieu aime les Francs, et il les sauve. Et lui, qui a bien voulu, dans sa Providence, faire les nations guérissables, leur envoie, au moment marqué pour ses desseins, et parfois sur le seuil de l'abîme, un sauveur inespéré.

PORTRAIT DE HENRI IV, *d'après une ancienne gravure.*

Raconter les gloires et les abaissements de la France, ses erreurs coupables et ses retours fervents, nous entraînerait hors des limites que nous nous sommes tracées. La France qui a connu des crises, où d'autres nations auraient perdu la vie, en est sortie victorieuse, et Dieu, qui a toujours eu pour elle une prédilection marquée, lui suscita à toutes les heures, des sauveurs et des modèles.

Dans le sol tourmenté de notre patrie, il restait encore, en dépit des crises et des révolutions, une sève pleine de force et de vie. Dieu la remua, il en jaillit des prodiges : éclosion admirable d'Ordres, de héros, de saints, qui donnèrent au monde le spectacle des plus grands héroïsmes, et arborèrent bien haut, au-dessus des agitations de la foule, l'étendard sacré de la foi. Ces modèles furent des sauveurs. Les larmes, les prières, les mortifications de ces grands pénitents touchèrent le cœur de Dieu, et l'inclinèrent avec amour vers la France coupable.

Sérignan, *si parva licet componere magnis*, ne fut pas oublié dans la distribution des faveurs providentielles. Lui aussi avait connu des dangers et couru des risques, dans l'humble rôle que lui avait confié la Providence. Il avait frayé avec l'erreur, côtoyé l'abîme et mérité le châtiment. Dieu tenait en réserve un sauveur à ce modeste mais vaillant pays, qui n'avait péché que par trop d'enthousiasme et d'ardeur. Il ne dédaigna pas de faire pour lui ce qu'il fait pour les populeuses cités et les opulentes nations. A côté du poison, il mit l'antidote, près de la blessure le baume, et en face de l'erreur, la sainteté. Ce saint, ce sauveur fut Guillaume Courtet.

Ne nous en étonnons pas. L'homme n'a pas été créé pour lui seul ; il a mission à l'égard du prochain. Mais la destinée des hommes ici-bas n'est pas la même : glorieuse et publique pour les uns, elle est pour les autres modeste et cachée. Le Père Courtet n'est pas un de ces personnages, dont la vie trace dans l'histoire un de ces sillons profonds, inoubliables, d'où germent des moissons abondantes, des merveilles pleines d'éclat. Non. Mais il fût un saint, il arrivait à l'heure marquée par la Providence, il apparaissait à une époque où la foi chancelait, où les mœurs descendaient vers l'abîme, pour remplir sa mission réparatrice et salutaire. Dieu le donna en spectacle à ses compatriotes, pour leur apprendre ce dont est capable une nature fécondée par la foi, et réchauffée par l'amour ; et dans sa sphère modeste mais héroïque, en face d'un monde corrompu et séduit, il donna l'exemple des plus belles vertus. Il traça son sillon, à lui, de ses sueurs, de ses larmes et de son sang, sillon fécond et vivifiant d'où germera une semence de bons et généreux chrétiens.

Tel est le personnage dont nous avons entrepris d'écrire la vie. L'entreprise serait téméraire, si elle n'avait pour mobile l'amour de notre pays, et le désir ardent, que nous avons au cœur,de fixer dans le bien et la vertu, ses chers compatriotes, nos bien-aimés Sérignanais.

Le P. Courtet est une de leurs gloires, un de leurs saints.Il est à eux : il leur appartient par les liens du sang, et les liens non moins sacrés de la foi. Puissent-ils, à la vue de ce compatriote dont le cœur vaillant n'a jamais chancelé, qui n'a pas craint d'affirmer sa foi jusqu'à l'effusion de son sang, jusqu'au sacrifice de sa vie, puissent-ils fixer leurs regards vers le ciel, leurs pas dans la vertu, et se maintenir fermes et généreux dans l'amour du Christ et le culte de l'Église!

Chapitre deuxième.

Naissance et premières années de Guillaume Courtet.

En suivant la route de Béziers à la mer, on parcourt une riante et fertile campagne arrosée par l'Orb. A gauche, la rivière avec ses blancs peupliers et ses arbustes verdoyants ; à droite, les coteaux de Notre-Dame de Consolation et de Vendres ; çà et là de riches villas, partout de grandes et belles prairies, et des vignobles qui étonnent par leur luxuriante végétation.

Après avoir traversé Sauvian, la route, qui jusque-là affecte des circuits capricieux, prend la ligne droite, et l'on aperçoit, à deux kilomètres, la charmante ville de Sérignan, assise au bas des collines qui dominent la mer ; avec son pont suspendu, ses maisons coquettes, et son superbe clocher, elle présente l'aspect d'une cité aisée et populeuse.

C'est là que naquit Guillaume Courtet, le héros de notre histoire (1) vers la fin du seizième siècle.

En quelle année ? Il n'est pas facile de le préciser, mais nous pensons que le Seigneur le donna à la terre, pour l'édification de son Église, en 1589 ou dans les premiers mois de 1590 (2).

1. Le P. Philippe de la Sainte-Trinité, carme déchaussé, et le P. Alexandre de Rhodes, jésuite, professeur de théologie à Macao, trompés par l'amour-propre provincial, le font naître à Avignon ou à Sérignan, près d'Oranges. Leur affirmation est démentie par tous les monuments historiques et l'affirmation de tous les autres biographes. — Guillaume Courtet était de Sérignan, près Béziers, dit Moreri. — *Natus Biterris Serignanensis, in Occitania*, dit Nicolas Rodulphe, maître général des dominicains en 1641. — *Patria Biterrensis*, lit-on au bas de la gravure, p. 565 de l'ouvrage du P. Sainte-Marie. — Il est né à Sérignan, à quatre milles de Béziers, disent les PP. Quétif et Echard. — On lit encore dans la relation envoyée des Indes, traduite du castillan en français, par les soins de M. de Baraut, ambassadeur de France à Madrid, en 1641 : « Le R. P. Guillaume Courtet, natif de Sérignan en Languedoc, diocèse de Béziers, religieux de la congrégation de Sainct Loys. » — Enfin pour ne pas multiplier les citations, l'historien espagnol, Aduarte, dit, chap. 61, p. 763 : « *El padre Guillelmo Courtet fue natural de Visiers, ciudad de Francia.* »

2. La difficulté de préciser l'année de sa naissance, vient de ce que les registres de la paroisse ne remontent qu'en 1591. Mais comme il avait environ 18 ans en 1608,

Ses parents étaient de qualité [1]. Son père figurait parmi les hommes les plus importants du pays. C'était un de ces caractères comme le seizième siècle, époque de lutte et de vaillance, en a tant produits, d'une loyauté à toute épreuve, passionnément épris du culte de l'honneur, et fortement attaché à la religion de ses aïeux.

BÉZIERS.

L'épouse qu'il s'était choisie, appartenait à la noble famille des Jammes; elle ne lui cédait en rien comme droiture d'intelligence, et élévation de sentiments. Ses hautes qualités étaient rehaussées par une piété tendre et grave tout à la fois, qui faisait d'elle une de ces femmes fortes, dont parle l'Écriture, plaçant la vertu comme fondement du foyer domestique, et donnant à Dieu, dans la famille, la place qui lui revient, la première. Tous deux, fidèles aux traditions de leurs ancêtres,

quand il fit profession dans le couvent d'Albi, nous maintenons la date que nous donnons dans cet ouvrage.

1. « De padres nobiles y ricos », dit Aduarte.

aimaient la religion, et en ce temps d'apostasie et d'hérésie, au sein d'une contrée qui avait été témoin de tant de lâchetés et de désertions, ils restaient inébranlablement attachés aux saintes croyances catholiques. Aussi, quand le ciel comblant les vœux de ces nobles époux, leur donna le jeune Guillaume, ils se hâtèrent de le porter aux fonts baptismaux, et se promirent d'en faire un bon chrétien. Dieu, qui avait des desseins de miséricorde sur cet enfant, leur rendit la tâche facile, en disposant son cœur à recevoir les salutaires impressions de la grâce.

La pieuse mère n'eut garde de confier l'éducation de son enfant à des mains étrangères : elle voulut l'élever elle-même, et, en même temps que son lait, infuser dans le sang de Guillaume les premiers éléments de cette piété, et, qui devait, plus tard, consacrer et pénétrer tous les mouvements de son cœur, tous les actes de sa conduite. Elle avait trop conscience de la grandeur de sa mission, pour ignorer que *l'homme moral est formé sur les genoux de sa mère*, et que c'est à cette école sacrée, que l'enfant, sous la direction d'une autorité doublée de tendresse, apprend à devenir un homme, et surtout un chrétien, car « si la mère a un instinct qui ne la trompe guère, la mère chrétienne a un instinct qui ne la trompe jamais [1]. »

Les noms sacrés de JÉSUS et de Marie furent les premiers que Guillaume prononça. Il les redisait avec amour, et peu à peu, sous la double impulsion de la grâce et de l'amour maternel, son jeune cœur se forma à la pratique de la vertu.

Il avait à peine atteint l'âge de raison, qu'il montrait déjà une sorte d'antipathie pour les divertissements de son âge. Tout son plaisir consistait à dresser des autels et à imiter les cérémonies de l'Église. Heureux attrait ! signe certain de l'innocence ! Sa mère eut bien garde d'en contrarier le développement ; elle favorisa même ses goûts enfantins et pieux, en lui permettant d'ériger un petit oratoire dans l'intérieur

1. Joseph de Maistre.

de sa demeure. Cet oratoire était le lieu où il passait la plus grande partie du jour, y faisant ses prières, et aimant à l'orner de fleurs aux fêtes de la Madone.

On voyait encore,il y a quelques années, dans cette maison, qui fut son berceau, une niche antique qui avait dû renfermer une Vierge, et l'on disait en la montrant : c'est la chapelle du petit Courtet.

Une de ses prédilections était encore d'accompagner chaque jour sa pieuse mère à l'église de la paroisse,et de venir s'agenouiller avec elle aux pieds de la madone de grâce. Pieux comme un chérubin, il envoyait à la Mère du Paradis un gracieux sourire et faisait jaillir de son cœur une prière candide, touchante, à rendre jaloux les anges, ses frères du ciel.

Bien des fois dans ses colloques avec la Vierge,il dut l'entretenir des pieux désirs de son âme et lui confier ses secrets enfantins. A cet âge où l'avenir n'est entrevu que vaguement dans un lointain mystérieux, le jeune prédestiné sentait déjà germer en lui une vocation sublime.

Il n'aurait su dire ce qu'il désirait, mais obéissant à l'instinct de son âme il suppliait la douce Madone de l'aider dans ses efforts, dans ses aspirations vers je ne sais quoi de sublime, qu'il voyait au milieu de ses rêves. Dans ses envolées enfantines vers l'horizon des cieux, le jeune enfant découvrait tout un monde de choses, où il se plongeait avec délices : la croix, le paradis, les larmes, les joies, tout cela lui apparaissait dans un désordre confus, mais ineffable, qui lui arrachait des soupirs et mettait des sanglots dans sa voix [1].

Cette piété de notre jeune héros n'excluait pas la vivacité, l'entrain, la gaîté inhérente à son âge, mais son amour pour Dieu lui faisait chérir son petit prochain, et personne plus que lui n'était joyeux et aimable.Ses compagnons l'affectionnaient pour son heureux caractère et le recherchaient avec empressement. Serviable et plein de douceur, il savait conquérir les sympathies de tous, et sa piété sans affectation commandait le respect. — « C'est un petit saint», disait-on déjà autour de lui. Il l'était en effet, et obéissant à cette précocité pour la vertu,qui est ordinaire chez les saints, il avait à cœur d'orner son âme de tout ce qui pouvait le rendre parfait. Quand il se trouvait dans l'église, sa tenue était respectueuse, sa dévotion si ravissante qu'on ne pouvait pas concevoir comment un enfant si jeune pouvait être si recueilli. Il aimait surtout à assister et à prendre part aux cérémonies du culte, les yeux fixés sur le tabernacle où résidait ce Dieu, qu'il n'avait pas encore reçu, et vers lequel tendaient déjà tous les élans de sa belle âme.Il n'avait encore que neuf ans,mais ses pieuses qualités avaient déjà provoqué l'attention de tous, et en particulier, des chanoines de la collégiale de Notre-Dame de Grâce.

1. *Quum teneræ adhuc esset ætatis*, dit le R. P. Nicolas Rodulphe, général des Dominicains, *religioniset martyrii desiderio incensus.* — Tous ses biographes assurent que dès ses plus tendres années, il eut la vocation du martyre.

Chapitre troisième.

Étude sur les écoles. — Entrée de Guillaume à la collégiale de Sérignan. — 1re Communion. — Attraits pour le sacerdoce. — Collège de Béziers.

AH ! je comprends que l'enfance ait été si chère au « Dieu de l'évangile ! Tout en elle respire l'in- « nocence et la grâce. Il y a dans le premier âge « quelque chose qui vient plus réellement du ciel, « et qui appelle toutes les bénédictions du ciel [1].

« L'enfance attire parce qu'elle est la faiblesse et qu'elle « porte les espérances de l'avenir. Comme une jeune plante, « elle reçoit tout ce qu'on lui donne, et le rend au centuple. « La jeunesse est oublieuse, l'âge mûr est égoïste, la vieillesse « est impuissante. Seule l'enfance est pleine d'avidité et d'es- « poir [2]. »

Aussi le Christ, qui veut le bien des sociétés, a-t-il jeté un regard sur les enfants, et c'est en grande partie l'affection qu'il leur portait, qui a provoqué cette parole solennelle : « *euntes ergo, docete....* allez et enseignez. » L'Église reçut comme un legs sacré cette recommandation du divin Maître, qui lui donnait un droit souverain sur l'intelligence et l'âme des sociétés, et d'une manière directe sur l'esprit des enfants. Elle se dévoua avec sa force et sa tendresse divines à cette œuvre sacrée de la régénération du monde, par l'instruction et l'éducation de l'enfance.

La nation française, nation chrétienne par excellence, toujours debout pour les grandes missions, entendit, elle aussi, cette parole du Sauveur, en comprit toute la grandeur, toute l'étendue,et sous la tutelle de l'Église, elle en réserva particu-

1. Monseigneur Dupanloup. 1875.
2. *Éléments de l'ancienne constitution française*, par Canet de Béziers.

lièrement les bienfaits *à ceux dont les jeunes âmes s'ouvrent à la vie comme les fleurs au soleil.*

La Gaule ancienne eut ses écoles, et les Druides enseignaient sous les ombrages sacrés une jeunesse d'élite [1]. La Gaule Romaine eut aussi ses écoles. On y enseignait les lettres, et on les y cultivait avec éclat.

L'invasion de la Germanie faillit étouffer cette belle éclosion des merveilles de l'intelligence. Heureusement l'Église veillait. Elle comprit que, chargée de transformer le monde, elle n'avait pas de moyen plus sûr que de l'instruire. Aussi retrouvons-nous, de bonne heure, dans tous les pays chrétiens, et dans notre France en particulier, des traces d'écoles primaires. Elles existent au quatrième siècle, tenues par des prêtres à l'ombre des cathédrales. L'église ne laissa à personne le soin d'accomplir ce ministère sacré [2]. Bientôt les écoles épiscopales ne suffisent plus : d'autres furent établies dans les églises principales [3]. Les conciles de la Gaule, où se trouvaient réunies toutes les autorités morales, s'occupent avec un soin pieux et une vigilance incessante des écoles dirigées par les prêtres. Ils imposent des obligations. Ce sont les clercs qui ont reçu la mission d'enseigner ; il ne leur est permis, ni de l'oublier ni de la négliger [4].

Les monastères se multiplient. St Benoît et ses moines, tout en défrichant les terres, défrichent les intelligences et les préparent à une fécondité nouvelle. « Autant de lignes écrites, autant de piqûres sur le corps du diable ». Chaque couvent est une école et chacun de ses religieux, un maître, qui, après avoir agité dans les profondeurs du cloître, les questions les plus sublimes, ne dédaigne pas de se rapetisser, de se faire lui-même petit enfant, afin de pouvoir conduire son disciple de l'enfance à la maturité.

Le clergé séculier ne répudia pas cette charge ; il la rem-

1. Henri Martin. *Histoire de France*. t. 1, p. 62.
2. Palladius. *Vie de St Jean Chrysostome*.
3. *Epître de St Remi à Falcon*.
4. *Deuxième concile de Vaison* par Sirmon, t. 1, p. 227.

plit pour les enfants et pour ceux à qui il faut « un lait plus substantiel ». Le concile de Vaison ordonne aux prêtres de recevoir *autant de jeunes clercs qu'ils pourront en trouver* [1]. « Nous vous ordonnons, écrit en 718, Augsberg, évêque « d'Autun, à son clergé, de fonder des écoles dans les villages « et dans les hameaux : ne refusez aucun des enfants qu'on « veut vous confier. » En 732, Domnole, évêque de Mâcon, enjoint aux archiprêtres de s'assurer si chaque prêtre a un clerc capable d'enseigner les enfants de sa paroisse, et menace de suspendre ceux qui seraient convaincus de négligence.

En 779, Humbert, évêque de Châlons-sur-Saône, ordonne aux prêtres qui ne pourraient bâtir des écoles, d'accueillir les enfants chez eux en aussi grand nombre que possible.

Charlemagne arrive et fait naître autour de lui une salutaire émulation. Il a dans son palais une école, et un capitulaire ordonne dans toutes les parties de l'empire « d'ouvrir les écoles, et d'y appeler non seulement les fils de serfs, mais ceux des hommes libres ». — La décadence suit de près, mais les conciles veillent. En 859, ils s'efforcent de restaurer « les lettres divines et humaines », et bientôt se fonde l'école épiscopale de Paris, qui imprime un brillant mouvement de renaissance. En cette époque de rudesse et de lutte, qui s'étend du neuvième au douzième siècle, les écoles épiscopales et monastiques deviennent l'asile unique des lettres ; et tous, laïques et clercs, pauvres et riches, y sont indistinctement admis [2].

Dès le douzième siècle, éprises d'émulation, les écoles secondent le réveil des intelligences. Elles se multiplient, et leur enseignement s'étend partout ; 702 monastères sont créés, et chacun a son école. Au treizième siècle, on en compte 287 nouveaux ; il y en a partout. Le quatrième concile de Latran, en 1215, après avoir dit que « l'Église de Dieu doit, comme une bonne mère, subvenir aux besoins intellectuels des âmes, aussi bien qu'aux besoins du corps », recommande aux maîtres de donner gratuitement les leçons aux clercs et à tous les

1. Sirmon, *Concilia antiqua Galliæ*, t. 2, p. 284.
2. Léon Maître, *Les écoles monastiques et épiscopales de l'Occident*.

pauvres. Cette touchante sollicitude, dont nous trouvons la preuve à chaque pas, pour les humbles, les pauvres, les délaissés, et qui a formé des générations si croyantes et si fortes, maintient l'éclat et le progrès de l'enseignement, même dans les périodes agitées où la guerre de Cent Ans transforme le pays en un vaste champ de bataille.

Mais ce fut principalement à la fin du quinzième et du seizième siècle que l'action de l'Église se fit sentir de toutes parts ([1]). Les statuts synodaux, publiés à cette époque, renferment les plus sages instructions pour faire augmenter le nombre des écoles, et relever celles qui étaient tombées en décadence.

Comme c'est le seizième siècle que nous étudions, nous ne parlerons que pour mémoire des deux siècles suivants, qui virent le sol de la France se couvrir « d'un essaim admirable d'écoles et de collèges » au point que des auteurs non suspects et autorisés, Audiat, de la Sorbonne, Dubord, Houdeyl, etc., n'ont pas craint de dire qu'à cette époque, trop méconnue et décriée, « l'instruction était aussi répandue qu'aujourd'hui ».

On nous pardonnera cette longue digression ; elle se rattache directement à notre étude. D'ailleurs en ce siècle d'orgueil et d'hostilité systématique, où l'on répète à satiété qu'avant les immortels principes de 89, l'ignorance régnait en souveraine maîtresse en France, courbant les masses populaires sous la charrue et la pioche, et que les générations végétaient plus qu'elles ne vivaient de la vie intellectuelle, on ne saurait trop redire que c'est la foi catholique qui a fondé l'enseignement populaire, que c'est l'Église qui a défriché et cultivé le terrain des intelligences, et cela, malgré les rudesses de la barbarie, les bouleversements des guerres, les invasions d'une renaissance licencieuse, le parti pris et l'opposition de la réforme, les diatribes et les injures des impies; que ce sont les prêtres et les moines qui se sont faits les éducateurs de l'enfance et les instructeurs du peuple, et non pas Voltaire et

1. Concile de Trente : Session IV, chap. I. *De Reformatione.*

les philosophes du dix-huitième siècle, assez osés pour dire que le peuple est un *vil bétail qu'il faut nourrir de foin et pousser de l'aiguillon;* que c'est enfin la loi civilisatrice de l'Évangile qui a régénéré le monde et mérité à notre pays, au siècle dernier, de devancer les nations voisines, dans la voie féconde de l'instruction, et non la Révolution qui a détruit l'œuvre de quatorze siècles de charité chrétienne et contraint notre pays d'opposer son infériorité scolaire à la supériorité des peuples voisins, à qui pourtant les bienfaits de 1789 sont inconnus.

A l'époque dont nous parlons, vers la fin du seizième siècle, la paroisse de Sérignan était admirablement pourvue au point de vue de l'enseignement. L'évêque de Béziers, Jean de Bonzy, secondait de son ardeur et de son autorité, les progrès des belles-lettres en son diocèse, et s'intéressait tout particulièrement à la collégiale de Notre-Dame de Grâce [1]. A part l'école du régent et de la régente, il y avait, sous la direction du prieur, et dans les dépendances du sanctuaire, une institution plus élevée et fréquentée par l'élite des jeunes intelligences.

D'après une convention signée par les chanoines, les can-

---

1. La Collégiale de Notre-Dame de Grâce de Sérignan remonte au commencement du XVIe siècle. Après les guerres de religion, les populations abjurèrent l'hérésie et revinrent en grand nombre au giron de l'Église. Comme condition de pardon, on leur imposait la visite de certains sanctuaires. De là l'origine des pèlerinages connus sous le nom de *Peregrinationes majores et minores*. Les pèlerinages majeurs furent Saint-Pierre et Saint-Paul de Rome, Saint-Jacques de Compostelle, l'église des Trois-Rois de Cologne et Saint-Thomas de Cantorbéry. Ils étaient imposés aux grands coupables ; ceux qui l'étaient moins, devaient faire les autres. L'église de Notre-Dame de Grâce fut désigné au nombre des pèlerinages mineurs, et c'est ce qui explique l'importance qu'elle prit au moyen âge : on y accourait de tous les pays du Languedoc et même de l'Espagne. Avec les pèlerins affluaient les offrandes, et son opulence devint telle qu'on songea à y fonder un chapitre. Ce chapitre se composa d'un doyen et de cinq chanoines, parmi lesquels se trouvait le prieur, curé de la paroisse, nommé par l'évêque. Jusqu'à la révolution française, époque où le chapitre disparut, les chanoines de la Canourgue, parmi lesquels on compte des noms illustres, s'occupaient surtout de soulager le pauvre et d'instruire le peuple. Par leurs soins, des écoles furent créées, où les enfants du pays venaient apprendre la littérature et les sciences, en même temps que l'amour de l'Église et de la patrie. Ces écoles, différentes de celles que tenaient le régent et la régente (instituteur et institutrice du temps) se trouvaient dans la maison appartenant aujourd'hui à la famille du général Valessie : c'est là d'ailleurs qu'habitaient les chanoines.

didats devaient être, autant que possible, recrutés parmi les enfants du pays. Cette condition rendait les membres du chapitre attentifs à discerner les vocations. L'œil ouvert sur les enfants de Sérignan, ils choisissaient, parmi les plus sages, ceux qui montraient le plus d'aptitudes, et qu'ils espéraient introduire un jour dans la sainte milice du clergé. Si le père et la mère donnaient leur consentement, les élus étaient admis dans l'école du chapitre, instruits des premiers éléments de la littérature et de la langue latine, et envoyés plus tard dans la célèbre université de Toulouse, pour y apprendre la philosophie et la théologie. Ces études terminées, le candidat était nommé chanoine de la Canourgue.

On s'occupa donc du jeune Courtet dans la collégiale. On l'y attira afin d'examiner de près les qualités et les défauts de cet enfant. Greffées sur une nature franche et méridionale, ses qualités surnaturelles, surtout, étaient venues, sous l'influence salutaire de la grâce, composer un ensemble merveilleux, où la vivacité de caractère s'alliait à la douce gravité de la vertu. Son esprit était prompt ; son cœur bon, mais ardent. Sa piété ne montrait rien de léger : douce et grave, elle l'élevait, par un contraste frappant, au-dessus des élèves déjà admis par le chapitre.

Le moment de la première communion approchait. S'il est vrai que *la première communion est à la vie, ce que l'aurore est au jour, et que de cet acte suprême dépend tout un avenir*, il fut facile aux pieux éducateurs de notre héros de découvrir et de prévoir ce qu'il serait plus tard. L'enfant se prépara, avec cette maturité d'esprit et de cœur que produit chez les saints la vertu d'en haut, à ce grand acte qui devait être pour lui le premier pas et l'entrée solennelle dans cet âge de la vie, si bien appelé *la virilité chrétienne*, où s'opère la transformation de l'intelligence et du cœur. Sûrement dirigé par la main des ministres de Dieu, qui dévoilaient à son esprit les sublimes splendeurs de la vérité divine, doucement abrité sous l'aile délicate et prudente de la tendresse maternelle, où tout lui parlait d'amour et de vertu, le candide Guillaume ouvrit son cœur et sa vie à l'hôte mystérieux des tabernacles. Douce fut son émotion, mais forte surtout l'effusion de son âme, quand il se sentit le temple réel et vivant du Dieu qui fait les saints et les martyrs.

Un pieux et savant instructeur de l'enfance s'est complu à dire que, pour les prédestinés, cette heure solennelle, que nous appelons la première communion, est une heure d'extase, une échappée sublime, où, tout à son Dieu, le cœur prend une décision définitive et pose les fondements de tout un avenir d'héroïsme et de vertu. Cette pensée nous sourit et nous aimons à croire qu'au jour béni de sa première communion, notre jeune héros dut voir s'ouvrir, devant ses yeux illuminés par l'amour, un horizon céleste qui lui découvrait tout un monde nouveau de sacrifice et de sainteté.

Que pensez-vous que sera cet enfant, s'étaient demandé les parents de Guillaume et les Pères de la collégiale, dans leur piété ravie. Cette première communion, qu'il reçut comme un ange, fut la réponse qui mit fin aux hésitations de leur âme anxieuse : cet enfant sera un saint.

Les années qui suivirent, ne démentirent pas cette prophétique réponse. Sa conduite désormais ne fut que le reflet sensible des nobles sentiments dont son âme était animée ; et, chose rare, quelque temps après, quand tant d'autres, hélas ! conservent à peine le souvenir de cette action mémorable, quand l'innocence de ce beau jour a été si souvent flétrie par l'ingratitude, le jeune Guillaume était resté pur ; et en le voyant, admirable dans sa persévérance, les chanoines pouvaient s'écrier, comme les habitants d'Hébron, sans crainte de se tromper : Voilà l'enfant de Dieu ; la main du Seigneur s'est abaissée sur lui.

Guillaume avait achevé son instruction primaire. Le moment était venu pour lui de sortir de la petite école pour se livrer aux leçons plus sérieuses et plus approfondies, données par les Pères aux enfants de la collégiale qui se destinaient à l'état ecclésiastique. Guillaume voulait-il être prêtre ? Cette question était depuis longtemps résolue dans l'esprit des

Pères, quoique l'enfant n'en eût encore rien dit. Mais la prudence faisait un devoir au prieur de s'assurer de cette vocation. Il l'interrogea donc. L'enfant répondit modestement, mais sans hésiter, qu'il voulait être prêtre, et dès lors il prit rang dans la jeune milice de la collégiale.

La mère pleura de joie et remercia Dieu, avec toute l'effusion d'un cœur fortement chrétien, de l'avoir jugée digne d'être la mère d'un tel fils. Le Père, de son côté, fut d'abord déconcerté. Il avait rêvé pour Guillaume la belle carrière des armes, ou celle non moins belle de la magistrature. Un de ses parents, Jean Courtet [1], était capitaine de la ville d'Arles ; un autre, François Courtet, conseiller d'état. La position de ses parents, sa fortune personnelle, les qualités de Guillaume offraient autant de garanties certaines pour un brillant avenir. Cette vocation brisait tous les projets paternels, mais, après bien des hésitations, le père, sous l'influence de la grâce, imitant sa noble compagne, consentit à faire généreusement le sacrifice demandé.

Quelle ne fut pas la reconnaissance de notre jeune héros ! sa joie éclata. On ne l'avait jamais vu aussi heureux. Pour remercier le ciel de la grâce obtenue si facilement, et aussi pour adoucir le sacrifice que son père et sa mère venaient de faire avec une abnégation héroïque, il s'appliqua, dans sa chère école du chapitre, à l'étude de la littérature et du latin et y fit de rapides progrès. Il concevait de bonne heure ce que tant d'autres ne veulent pas comprendre, que c'est par une application sérieuse qu'on se met en état de répondre aux desseins de Dieu.

Aussi se portait-il volontiers à tout ce que ces prêtres zélés lui prescrivaient, et il ne fut pas longtemps à rivaliser avec les plus intelligents de ses camarades et même à tenir le premier rang parmi eux. Son esprit se formait aux connaissances humaines ; dans son cœur les vertus prenaient des racines pro-

1. Jean Courtet était capitaine de la ville d'Arles (*Abrégé chronologique de la ville d'Arles*, par la Lauzière, 1808, in-4°, page 340). François Courtet est désigné comme conseiller d'état dans le registre de la Généralité de Champagne, d'après l'édit de 1626.

fondes. Il n'était pas sans défauts; peu endurant, son caractère le portait parfois à des saillies regrettables, mais docile aux conseils de ses maîtres, qui maintenant ne le perdaient pas de vue, il se corrigeait peu à peu. Une dévotion, chère à son cœur, contribuait puissamment à lui rendre les progrès faciles.

Notre-Dame de grâce,dont il était devenu,depuis son entrée à la collégiale, le fidèle et dévot lévite, recevait plus intimement que jamais, avec les épanchements de sa piété, le secret de ses confidences. Au jour des grandes fêtes, l'affluence des pèlerins méridionaux et espagnols, en lui donnant le spectacle émouvant d'une piété entraînante,fournissait à son jeune cœur d'apôtre un aliment fécond qui ravivait tous ses désirs. Mais c'était surtout loin du bruit et dans le tête-à-tête intime de l'abandon,qu'il aimait à s'agenouiller dans la pieuse chapelle. Là, prosterné aux pieds de la Vierge, il la conjurait de lui donner cette douceur et cette patience, qui, un jour, sans qu'il pût le soupçonner encore, devaient le soutenir au milieu des plus horribles supplices.

Ainsi s'épanouissait à l'ombre de Marie, et sous les yeux du chapitre, cette fleur qui devait réjouir l'ordre de Saint-Dominique, mais que Dieu devait arracher à la terre pour embaumer le ciel du parfum de son martyre.

Cependant Guillaume venait d'atteindresa douzième année. Les chanoines, satisfaits de ses progrès dans les lettres humaines, plus satisfaits encore de la maturité de sa vertu, tinrent conseil et n'hésitèrent pas à prononcer que le moment était venu de l'envoyer dans l'université de Toulouse, pour ses hautes études; mais auparavant le prieur, soucieux de perfectionner les progrès de son jeune élève, qui s'annonçait déjà comme un des candidats les plus méritants et les plus distingués de la collégiale, l'envoya, sur l'avis de ses parents, au collège de Béziers, dirigé par les religieux Dominicains, et qui attirait,par la célébrité de son enseignement,grand nombre de jeunes gens du Biterrois ([1]).

1. Béziers, un des boulevards de l'hérésie albigeoise, était naturellement désigné pour être le siège d'un couvent de Dominicains. Ce fut en 1242 que, selon Bernard Gui, un

Le séjour du jeune Guillaume dans ce collège fut de courte durée, et cependant par sa piété et sa grande intelligence il fit l'admiration de tous. Plus de 30 ans après, son souvenir vivait encore dans le cœur des professeurs et des élèves. De grandes fêtes furent alors célébrées pour honorer son martyre, et on glorifia son nom par des poésies et des épîtres suaves, que le lecteur pourra lire avec bonheur à la fin de cet ouvrage.

Guillaume quitta le collège de Béziers, après deux années d'étude, et vint s'asseoir sur les bancs de l'université de Toulouse.

---

de leurs annalistes, ils vinrent y planter leur tente. En 1247 le roi Louis IX leur concéda par un acte, daté du jour de saint Mathias (24 février) l'emplacement de son château démoli et ruiné, avec toutes les terres en dépendant. Ce couvent fut compris dans la province de la Provence, qui s'étendait depuis Avignon et Marseille jusqu'à Bayonne et Bordeaux. Il n'en sortit pas même en 1303, à l'époque où fut créée la province de Toulouse. Les Huguenots s'en emparèrent en 1562, le 3 mai, jour de l'invention de la sainte Croix et le livrèrent au pillage. Plus tard le duc de Montmorency voulant opposer un point solide de résistance aux troupes du vicomte de Joyeuse, résolut de construire à Béziers une citadelle pour le service du roi. Sa pensée s'était arrêtée au sommet de la ville, où dominait l'église de Saint-Nazaire : déjà le premier coup de pioche avait été porté pour la démolition de l'édifice lorsque, sur les prières de l'évêque, des chanoines et des notables de la cité, il abandonna l'emplacement de Saint-Nazaire pour choisir celui des Dominicains. Ce fut le 15 janvier 1585, que les Frères Prêcheurs quittèrent le lieu appelé aujourd'hui la Citadelle, se transportèrent dans le bourg de Lespignan et établirent leur nouvelle demeure dans la maison de mademoiselle Isabeau de Vezian. Après la Révolution, l'ensemble du couvent des Dominicains fut divisé en plusieurs maisons particulières. En 1840 la ville fit l'acquisition de leur ancienne église, et c'est là que fut installée l'école gratuite des Frères, à laquelle on a substitué, il y quelques années, une école supérieure laïque de garçons, dite l'école Arago. — *Bulletin de la Société archéologique de Béziers*, 2e série, t. XIV, 2e livraison, Soucaille. — pag. 169 à 191.

Chapitre quatrième.

Les Universités. — Guillaume entre dans celle de Toulouse. — Premiers indices de vocation religieuse. — Ses rapports avec le P. Michaëlis, réformateur de l'ordre de Saint-Dominique.

Il y a en France, depuis 1215, nous dit M. Canet, un enseignement supérieur, dont le nom indique l'étendue et dont l'influence a été puissante pour le mouvement des esprits, la connaissance de la religion, le progrès littéraire et la gloire de la France. Nous tenons à le signaler à cause de son importance. Nous avons nommé les universités.

Dès le premier jour, les universités se distinguent des autres écoles ; elles deviennent une puissance, et leur organisation leur permet de côtoyer tous les pouvoirs, sans être absorbées par aucun. Sous Louis VII, le concile provincial de Reims, tenu en 1147, obéissant à la pensée d'Eugène III et à la parole de saint Bernard, demandait dans les principales villes du royaume l'érection *d'écoles et d'études publiques.* Les premiers statuts de l'université sont donnés en 1215 par Philippe Auguste, approuvés par le pape Innocent III, et promulgués par l'évêque de Paris, Pierre Lombard, à qui *l'on en doit les premières promotions* (1).

Les privilèges sont nombreux et importants. Les papes et les rois montrent ainsi leur désir de voir la science répandue et approfondie. Ils traitent avec les universités comme avec une puissance qu'ils ont eux-mêmes fondée. De la sorte ils élèvent et assurent sa domination morale.

L'université est partagée entre quatre facultés : théologie, décrets, médecine, arts. Cette dernière désignation comprenait les sciences et les lettres.

1. Pasquier, III, Chap. 23.

Aucun corps ne s'est montré plus jaloux de ses prérogatives; mais aucun n'a été plus fidèle à son devoir. Charles V n'eut garde de le méconnaître, et il se plaît à déclarer l'université : *la fille aînée des rois.*

C'est aux universités que nous devons le renom de science, qui donne aux étrangers une si haute idée de notre pays.

PHILIPPE-AUGUSTE.

Celle de Paris tient la tête, mais elle se reflète puissamment par son esprit, ses études, son organisation et ses privilèges dans chacune des autres universités du royaume.

En examinant la date de leur institution, on trouve presque toujours qu'elle est comme une récompense ou une consécration de l'entrée dans la grande famille française, et c'est une preuve que les rois savaient que le haut enseignement est un des plus fermes appuis des trônes. Aussi vit-on graduellement surgir du sol éminemment intellectuel de notre pays un grand nombre d'universités, avides de gloire et de succès : Toulouse en 1227, Montpellier en 1289, Bordeaux en 1472, Besançon en 1676, Nancy, en 1769, prirent rang à la suite de leur aînée de Paris, dans le tournoi loyal où se distinguaient les intelligences d'élite.

Toutes ces universités, vraies écoles nourricières de toutes les grandeurs intellectuelles et morales de notre pays, furent renversées par la Révolution (1), probablement parce qu'elles renfermaient, en un seul et glorieux culte, l'amour de l'Église et de la patrie.

Tout en effet dans l'université avait un caractère religieux : « L'autorité ecclésiastique, dit excellemment M. Germain (2), était alors le grand pouvoir universitaire, en même temps que le grand pouvoir social. Elle régnait en souveraine sur les écoles comme sur les intelligences. »

L'*universitas magistrorum et auditorum*, nous dit encore M. Canet, devait, quoique la Sorbonne ait été constituée en 1250 pour l'enseignement théologique, ne pas perdre de vue que la première science, la mère de toutes, à qui toutes les autres doivent être soumises, est la science religieuse.

De là, l'admirable unité qui a présidé à ses leçons et lui a donné, même dans les temps les plus troublés, une autorité toujours respectée.

Le but, que l'Église se proposait dans l'éducation de la jeunesse d'élite, était sans doute et surtout de former des

1. Elles étaient au nombre de 23. Il y avait 562 collèges où étaient inscrits 72,747 écoliers. Le nombre de ceux qui y recevaient l'instruction, soit entièrement, soit partiellement gratuite, excédait 40,000 (M. Fayet, *Discours au collège de la Châtre*, 1861).

« Avant 1789, le nombre des étudiants fréquentant les écoles était triple et quadruple de ce qu'il est aujourd'hui. Il y avait alors un plus grand nombre de bourses dans une seule province, la Franche-Comté, par exemple, qu'il n'y en a aujourd'hui dans la France entière. Sans vouloir calomnier notre siècle, et me rendre suspect de partialité en faveur de l'ancien régime, il me sera permis de dire qu'aujourd'hui il est plus difficile qu'autrefois à un jeune homme capable, mais pauvre, de surgir intellectuellement ». (*Discours de M. Chevalier, au sénat.*)

2. *Histoire de la commune de Montpellier.*

chrétiens convaincus, mais encore des citoyens vaillants et fidèles. Il faut préparer le citoyen dans le jeune homme ; le premier sera d'autant moins porté à la révolte, que le second aura été plus docile. Il faut donc, de bonne heure, plier la volonté d'un homme et l'habituer à porter le joug du devoir : « mais c'est en vain que l'on essayera d'attacher la volonté « au devoir, si on ne sait pas l'enchaîner par la conscience ; « et le nœud le plus puissant de la conscience, c'est la reli- « gion ». L'éducation doit donc, avant tout, être profondément religieuse. Cette méthode est vraie pour l'enfant ; elle l'est surtout pour le jeune homme, qu'attendent les luttes de la vie et les surprises de l'avenir.

Nos rois chrétiens le comprirent : aussi dans l'intérêt de la patrie et du trône, ne se contentèrent-ils pas de prêter à l'Église leur concours très puissant; ils lui laissèrent tout droit de suzeraineté sur les intelligences et confièrent à sa divine influence la mission de consolider et d'affermir la société en éclairant les esprits.

L'Église s'acquitta de cette mission avec la prudence et la sagesse qui n'ont cessé de caractériser toutes ses œuvres. Par ses conciles, ses docteurs et ses évêques, elle suscita des merveilles dans le champ des intelligences et provoqua, chez tous ses disciples, une sainte émulation pour l'acquisition des grandes vertus et les hautes vérités qui font les individus et les nations.

L'Université de Montpellier sous la douce et salutaire influence de son chancelier, l'évêque de Maguelone, et plus tard, l'évêque de Montpellier, s'est fait un passé illustre, où le succès du talent ne le cède en rien à l'éclat de la vertu. Nous sommes heureux de saluer au passage cette métropole intellectuelle de notre pays, pépinière de savants et de saints, dont le renom glorieux traversera toutes les crises et tous les siècles à venir.

L'Université de Toulouse, que nous avons surtout à tâche d'étudier, était la digne rivale de celle de Montpellier, et partageait avec elle la suzeraineté des intelligences dans notre beau Midi. Fondée en 1229, quelques années après celle de Paris, par la générosité du comte Raymond, elle avait depuis sa création pris un accroissement considérable. De son sein étaient sortis une multitude de docteurs illustres par leur savoir, qui fixaient sur elle les yeux des peuples voisins, et surtout de l'Espagne. Elle avait donné à l'Église un grand nombre de saints pontifes et d'hommes éminents, et sa gloire avait tellement grandi, qu'elle était devenue, avec sa rivale de Montpellier, pour tout le Midi, la dispensatrice du mérite.

La renommée de cette Université tenait sans doute au talent des professeurs, mais surtout à la pureté de son enseignement. Depuis de longues années, les évêques de Toulouse avaient confié aux enfants de Saint-Dominique plusieurs chaires, entr'autres, celles de philosophie, de théologie et de droit canonique, et c'est avec le plus grand éclat, que ces religieux, choisis parmi les plus distingués de l'ordre, commentaient la pure doctrine de saint Thomas. Aussi voyait-on accourir auprès de leurs chaires une foule d'écoliers avides de savoir et de vertu, qui, après avoir commencé leurs études dans les écoles, dans les couvents, dans les presbytères et les collégiales, venaient, conformément aux prescriptions du Concile de Trente, les achever dans l'Université [1].

C'est là, nous l'avons vu, que le chapitre de la collégiale de Sérignan, après l'avoir fait passer quelques années dans le collège de Béziers, résolut d'envoyer Guillaume pour compléter ses études.

Le pieux jeune homme avait trop hâte d'orner son esprit des sciences, qui devaient l'acheminer vers le sacerdoce, pour ne pas accueillir cette décision avec joie. Après une dernière prière à la bonne Vierge, qui avait été la confidente de son âme, il prit donc avec empressement le chemin qui devait le conduire dans la capitale du Languedoc.

Ce ne fut pas sans une légitime émotion, que le père et la mère firent, quelques jours après, leurs adieux à leur fils ten-

1. Session V, relative à l'enseignement de la théologie.

drement chéri. C'en était fait du passé et de ses joies délicieuses : désormais l'avenir seul, avec ses incertitudes et ses déceptions, devenait leur partage. Quels n'eussent pas été les déchirements de leurs âmes, s'ils avaient pu soupçonner, à cette heure des adieux, que Guillaume, contre leurs espérances, allait là fixer son esprit et son cœur dans cette vocation qui devait faire de lui un apôtre et un martyr!

Une année s'écoula sans que rien ne fut changé dans ses premières dispositions. A Toulouse, comme à Sérignan, comme à Béziers, notre prédestiné fut un élève accompli, aimable vis-à-vis de ses camarades et aimé de ses maîtres (1).

Dans la suite, cependant, la vie sainte des Dominicains frappa son imagination et son cœur. L'amour de JÉSUS-CHRIST, le désir ardent de travailler à l'extension de son règne, la passion des âmes, le besoin de se sacrifier pour elles, toutes ces vertus dont il était le témoin, faisant écho aux aspirations de son âme, le plongeaient dans l'enthousiasme.

Il admira d'abord, il aima ensuite la vie de ces saints religieux, puis, sous l'influence de la grâce, il finit par se demander si sa place ne serait pas plutôt parmi eux que dans les rangs de la collégiale de Sérignan.

« Pour l'homme du monde, dit Lacordaire, la vie n'est « qu'un espace à franchir le plus lentement possible, par le « chemin le plus doux. Le chrétien ne la considère pas ainsi, « il sait qu'il est Vicaire du Christ pour travailler par le sa« crifice de lui-même à la rédemption de l'humanité et que, « dans le plan divin, il a une place éternellement marquée « par la volonté divine. Il sait que, s'il la déserte, par sa faute, « cette place, que la Providence lui offre dans la milice des « créatures utiles, elle sera transférée à un plus digne, et lui, « abandonné à sa propre direction dans la voie large et cour« te de l'égoïsme. »

1. Quelques mois après son entrée dans l'Université de Toulouse, Guillaume se rendit à Sérignan pour tenir sur les fonts baptismaux le fils de Lort, le seigneur du pays. — Registres de la paroisse : 27 septembre 1603, baptême, Guillaume Courtet, parrain.

Guillaume eut bien gardé de s'exposer à ce malheur lamentable, qui paralyse tant d'existences et leur ouvre parfois le chemin de l'abîme. Pour bien connaître la volonté de Dieu, il médita, il pria longtemps, et prit enfin la résolution virile d'ouvrir son cœur et de parler.

Or, Dieu avait préparé au jeune Guillaume un médiateur, qui devait non seulement lui manifester sa vocation, mais encore lui ouvrir les portes de sa carrière future et lui montrer le théâtre où le ciel l'attendait.

Ce médiateur fut le P. Sébastien Michaëlis[1]. Homme d'un profond savoir, son génie, sa science surnaturelle, la beauté vénérable de sa vie, l'avaient placé à la tête des enfants de St-Dominique. Réformateur de l'ordre, il venait, depuis quelques années à peine, d'introduire la réforme dans le couvent de Toulouse, et c'est, grâce à la persévérance de ses efforts, que les religieux, par leur sainteté et leur étroite observance, répandaient dans la ville le plus grand éclat.

L'histoire ne nous a pas conservé les premiers entretiens de notre saint avec le P. Michaëlis, mais il est facile de le deviner par leurs résultats. A quinze ans, une âme généreuse ne cherche qu'à donner sa vie. Elle ne demande au ciel et à la terre qu'une grande cause à servir, par un grand dévouement. « Et si cela est vrai d'une âme qui a reçu sa trempe d'une nature heureuse, combien plus de celle où le christianisme et la nature coulent ensemble comme deux fleuves vierges, dont pas une goutte ne s'est épanchée en de vaines passions[2] ! »

1. En 1602, le P. Sébastien Michaëlis, prieur du couvent de Toulouse, partait pour Rome en compagnie du F. Claude Dubelli et du P. Mercier, pour aller solliciter du P. Général, la permission d'établir la Réforme dans les maisons de son ordre. Il laissa pour le remplacer dans le priorat de Toulouse, le Père Jacques de La Pallu. C'est le 26 février 1603 qu'il revenait dans sa résidence, comme le démontre une lettre du Cardinal de Joyeuse. Nous le retrouvons encore à Toulouse en 1605, puisque c'est de cette ville qu'il partit pour aller assister au chapitre de Valadolid en Espagne. Le livre intitulé *Monumenta conventus Tolosani*, nous affirme qu'il y était encore en 1607, époque où eut lieu son entrevue avec le roi Henri IV, qui le fit nommer prieur du couvent royal de St-Maximin. Le jeune Guillaume, dont il dirigea la vocation, pouvait donc entretenir des relations intimes et presque incessantes avec le grand Réformateur. (*Monumenta conventus Tolosani* : cap. V, Reformatio, pag. 130.

2. Le P. Lacordaire, *Vie de saint Dominique*.

L'angélique Guillaume révéla avec simplicité les tendances merveilleuses de son âme, la lutte qui s'y livrait depuis quelque temps, ses craintes, ses espérances. Le grand homme l'écouta avec la bonté d'un père, avec la clairvoyance d'un saint, et quand, après de mûres réflexions, il donna son avis, le pieux étudiant « vit d'un seul trait sa place et son devoir : « il la vit dans le sacerdoce à côté de JÉSUS-CHRIST; mais le « sacerdoce, s'exerçant dans sa patrie, au milieu des affections « et des honneurs, n'était pas celui qu'il ambitionnait. Il la « vit dans le sacerdoce gréffé sur la vie monastique ».

Or, de tous les ordres religieux, existant à cette époque, aucun ne parlait à son cœur comme celui de St-Dominique. Il comptait des prédicateurs illustres, des théologiens renommés, des missionnaires infatigables, des saints et des martyrs. Il était partout, dans l'ancien comme dans le nouveau monde où il s'était élancé sur les traces des conquérants. « Aucune « barrière n'avait pu arrêter l'ardeur intrépide de ces vaillants « religieux. Comme Dominique leur père, ils n'avaient au « cœur qu'une ambition, porter sur tous les points du globe « le flambeau de la vérité, et conquérir les âmes à l'évan- « gile. » La blanche bure des Dominicains avait toujours été et était encore le ralliement de toutes les vertus, au service de toutes les grandes causes.

Dans les premières années du dix-septième siècle, à l'aurore de cette ère nouvelle qui devait enfanter à l'Église tant de héros, cet ordre illustre revendiquait la première place et rivalisait d'envie pour maintenir son double renom de science et de sainteté. La foi menacée demandait-elle des savants ? Des théologiens distingués surgissaient. La décadence des mœurs réclamait-elle des saints? D'illustres pénitents répondaient à l'appel. Les régions infidèles appelaient-elles des missionnaires et des martyrs ? Nombreux toujours et vaillants les Dominicains s'élançaient vers ces âmes, leurs sœurs, qui avaient soif du baptême.

La vue imposante de cette phalange de saints et de savants, qui donnait à l'auréole de l'Église un rayonnement si beau, et surtout le spectacle incomparable de ces *frères pérégrinants* qui s'en allaient étendre le règne du Christ sous tous les climats, frappaient l'âme enthousiaste de Guillaume. — Le doigt de Dieu est ici, disait-il, ici je trouverai ce qui fait l'objet de mes vœux : une vie étrangère au monde, des âmes à sauver, et par dessus la sainteté et la palme du martyre.

Il ne se trompait pas. Sa vocation était bien celle que venait de lui révéler le P. Michaëlis. Mais l'Église est prudente ; il lui faut non pas des âmes lâches et craintives, mais des âmes éprouvées et mûres pour le sacrifice ; non pas des âmes vulgaires, dont le siècle ne veut pas ou qu'il voit partir sans regret, mais des âmes d'élite, qui puissent regarder de haut le monde et lui en imposer par leur éminente vertu. Aussi l'Église a-t-elle le droit et le devoir, avant de recevoir un enfant du siècle dans les rangs des enfants du cloître, de lui imposer une épreuve plus ou moins longue, pendant laquelle elle examine avec le plus grand soin si sa vocation vient de Dieu, de l'entraînement du cœur ou d'un autre motif humain.

Pour Guillaume, l'épreuve dura deux ans ; et quand, ces deux ans écoulés, les religieux furent convaincus que sa fidélité et sa persévérance étaient un effet de la grâce, ils prononcèrent son admission dans l'ordre de Saint-Dominique.

Le P. Michaëlis, qui avait suivi d'un regard attentif les progrès de notre pieux jeune homme, s'applaudit de cette issue favorable, et s'estima heureux d'avoir été choisi comme l'instrument de la Providence, pour acheminer Guillaume vers la sainteté.

Guillaume, que l'épreuve avait trouvé humble et soumis, s'inclina avec joie devant la décision : « Dieu bon, dût-il « dire avec un saint du moyen âge, Dieu bon, ne me gâtez « pas ainsi. Trop de douceurs me rendraient indigne de « vous. »

Le *fiat* une fois prononcé, il songea avec l'aide de Dieu à obtenir la ratification de ses parents. Il les savait chrétiens, et sa foi espérait ; mais il les savait pleins de tendresse, et son cœur était ému, à la pensée que ce nouveau sacrifice ferait couler leurs larmes. Lés chanoines de Sérignan, que le pieux étudiant avait chargés de la délicate mission de préparer son père et sa mère, furent profondément affligés. Ils avaient caressé l'espoir d'accueillir un jour dans leurs rangs ce vertueux et intelligent jeune homme, qui tant de fois les avait édifiés et ravis. C'était avec un orgueil, certes bien légitime, que devançant l'avenir, ils le voyaient déjà rehaussant de ses talents et de sa vertu cette collégiale qui l'avait vu grandir. Mais ils se consolèrent, en pensant que leurs pieuses sollicitudes n'avaient pas été inutiles et qu'ils donnaient à l'Église un religieux dont les vertus et le zèle, sur un théâtre plus grand, leur faisaient concevoir les plus belles espérances.

Quant aux parents, ils eurent sans doute le cœur déchiré par cette nouvelle épreuve, mais ils étaient trop chrétiens pour murmurer contre la volonté du ciel.

Bien que brisés par ce nouveau sacrifice, ils s'inclinèrent avec respect devant la vocation de leur fils bien-aimé. Ils avaient rêvé pour leur vieillesse une consolation et un appui. Dieu réservait à leurs cheveux blancs une auréole bien plus belle, la gloire d'avoir donné le jour à un martyr et à un saint.

Chapitre cinquième.

Noviciat d'Albi. — Régularité et mortifications du F. Guillaume Courtet. — Ses premières aspirations au martyre.

TANDIS qu'à Sérignan, dans la maison paternelle, s'accomplissait ce sacrifice admirable, qui place toujours une auréole de gloire sur le front d'un père et d'une mère, Guillaume arrivait dans le couvent d'Albi, et là, après avoir été de nouveau examiné, il était reçu de la communauté, et revêtu du saint habit, des mains du R. P. Georges Laugier, prieur de la maison.

Cette cérémonie auguste dans sa simplicité, qui enrôlait le jeune homme dans la milice de St-Dominique, s'accomplit à une date qui dut frapper son esprit et remuer tous les souvenirs de son cœur. Ce fut en 1607, le quinze du mois d'août, jour de l'Assomption glorieuse de la sainte Vierge, fête patronale de N. D. de Grâce de Sérignan, que le pieux Guillaume revêtit les saintes livrées. Commencé sous de si heureux augures, sous la protection de Marie, le noviciat dut s'ouvrir devant lui, riche de belles espérances [1].

L'Ordre des Frères-Prêcheurs, comme nous l'avons vu, a

---

1. Le P. Aduarte, le P. Réchac de Ste-Marie, le P. Percin, et, ce qui est plus considérable encore, Le P. Nicolas Rodulphe, Général de l'Ordre, dans la lettre envoyée à toutes les maisons dominicaines, pour raconter le martyre du P. Guillaume, assurent que ce fut le R. P. Sébastien Michaëlis qui le revêtit du saint habit. Le P. Lafon dans l'*Année Dominicaine*, a démontré, incontestablement selon nous, que cela ne pouvait être. En effet, si le P. Michaëlis avait donné l'habit au martyr, il l'aurait fait en qualité de prieur de Toulouse, ou de Vicaire Général de la congrégation réformée de St-Louis. Le premier cas est faux, car il n'était pas prieur de Toulouse en 1607, ayant été remplacé par Jacques La Pallu. Le second cas est faux pareillement, car il n'a été Vicaire Général qu'en 1608, étant alors prieur de St-Maximin. Quand le P. Guillaume Courtet prit l'habit, le P. Michaëlis était absent de Toulouse. Il faut donc admettre ce que nous affirmons dans notre histoire, et qui est appuyé sur le livre prioral d'Albi, à savoir que notre héros revêtit les saintes livrées des mains du P. Georges Laugier. — « P. Guillelmus Courtet fuit receptus a P. Georgio Laugier, priore hujus conventus de consensu omnium vocalium. » (1607, die quindec. Aug, sub P. Hyacintho Marez, Magistro Novitiorum.)

INTÉRIEUR DE LA CATHÉDRALE D'ALBI.

été donné à l'Église afin d'évangéliser les âmes et les gagner au Christ par l'enseignement de la doctrine et les exemples d'une vie irréprochable. Cette vie irréprochable est dans l'accomplissement des prescriptions de la règle ; la perfection dans la vertu, l'union à Dieu, l'obéissance, l'amour des âmes, le zèle qui doit se dépenser pour elles y sont renfermés, et en sortent comme les conséquences sortent d'un principe.

La règle fut donc pour le jeune novice une loi sacrée, dont il s'efforçait de connaître les moindres détails : il la méditait sans cesse, afin d'en pénétrer l'esprit et de s'y conformer dans tous ses actes. Rien n'était petit pour lui ; à ses yeux, tout grandissait éclairé par les lumières de la foi. Aussi, plus tard, quand il sera chargé de l'expliquer à ses frères, cette tâche lui sera-t-elle chère et facile ; il n'aura qu'à les entretenir de ce qui fut toujours l'objet de ses affections et la source de ses plus douces joies.

Fidèle à la règle, loin des agitations de la terre, il ne cherchait donc qu'à s'approcher de son Dieu, rendant sa retraite de plus en plus profonde et jugeant les conversations inutiles, comme autant d'obstacles, qui devaient l'éloigner de sa fin. Le monde lui semblait à redouter, même dans la société de ses frères, car il savait que le souffle impur et contagieux de notre séjour mortel se fait quelquefois sentir en l'assemblée des enfants de Dieu, et que sans une vigilance de tous les instants, il est difficile aux saints eux-mêmes de mener une vie sans tache, ici-bas.

Mais plus il vivait séparé des hommes, et plus son union avec le Seigneur était intime et ineffable. Son cœur s'ouvrait sans cesse aux inspirations de la grâce, son âme se pénétrait d'amour, ses affections s'embrasaient d'un feu tout céleste. Dans cette œuvre de transformation surnaturelle, à l'exemple de saint Dominique dont il aimait à s'appeler l'humble enfant, il prenait N.-S. pour modèle, le considérant, dans ses longues méditations, à Bethléem, à Nazareth, dans ses courses évangéliques, au Calvaire. Le souvenir des amertumes de la croix captivait son âme et la transperçait de douleur et de tendresse.

« O JÉSUS, disait-il souvent, que je serais heureux de vous « rendre un jour, dans la mesure de mes forces, ce que vous « avez souffert pour moi ! En attendant, donnez-moi de me « vaincre moi-même, et d'acquérir les vertus qui me rendront « digne d'une telle faveur ! »

Il s'avançait à grands pas dans les voies de la perfection. « L'humilité est la vertu souveraine d'un religieux », et il aimait à se dire le dernier et le plus indigne de sa communauté. Les autres novices étaient à ses yeux comme autant de supérieurs qu'il s'efforçait de prévenir en toutes circonstances ; et il s'empressait de leur venir en aide et de prendre pour lui les emplois les plus bas.

Aimable vis-à-vis de ses frères, il était dur vis-à-vis de lui-même, à ce point qu'il fallut plus d'une fois l'arrêter dans les mortifications qu'il s'imposait. Il répondait alors avec candeur : « Comment pourrai-je un jour supporter la fatigue des « voyages, le chaud, le froid, la faim, peut-être la prison et la « mort, si de bonne heure je n'habitue mon corps à ce rude « apprentissage ? » Pour obtenir qu'il modérât ses macérations journalières, il fallait parler au nom de l'obéissance, et alors, docile, il se soumettait.

Mais ce qui n'était pas si facile à obtenir du fervent novice, c'était qu'il s'abstînt de parler des missions, du moins d'en parler à tout propos. Il semblait qu'il ne trouvait de charme que dans ces conversations. Il s'intéressait aux missionnaires, qui partaient pour les pays lointains, désirant savoir leur nom, connaître la contrée qu'ils allaient évangéliser, et quand on racontait, devant lui, l'histoire de leurs conquêtes évangéliques et leur mort glorieuse endurée pour le Christ, c'était pour son âme comme un murmure céleste, comme un écho divin qui la faisait vibrer jusqu'en ses profondeurs.

Un jour, c'était dans la salle des exercices, tous les Frères se trouvaient réunis, et le P. Hyacinthe Marez, maître des novices, lisait devant eux, selon l'usage établi dans le couvent, les *Annales du Japon*, où les enfants de Dominique depuis quelques années, prêchaient l'Évangile et qu'ils allaient bientôt arroser de leur sang. Il en était au martyre de Simon Taquenda, ce vaillant guerrier, illustre par son courage dans la guerre, plus illustre encore par sa fermeté dans la foi chrétienne, qu'il avait embrassée. Quand Atchicava, capitaine de la milice, à la tête de ses soldats, vint le saisir, Simon était revêtu de ses plus riches habits, ainsi paré pour les noces du ciel. Au premier signal, il adresse un dernier adieu à sa famille qui l'entourait, et lui dit, plein de tendresse : « Je vais « devant, vous montrer la route par laquelle vous devez, « vous aussi, aller au paradis. Je prierai pour vous, et j'espère « que ce ne sera pas long. »

Ayant dit, il s'avance d'un pas assuré, tenant d'un côté la main de sa vieille mère Joanna, et de l'autre la main d'Inès, son épouse bien-aimée. Ses trois enfants suivaient portant des cierges, et priant pour leur père.

Arrivé sur la place de l'exécution, Simon se prosterne et après une dernière et fervente prière, découvre son col et le présente au sabre du bourreau. Le fer brille, et la tête roule aux pieds de ces femmes admirables, qui la contemplent sans larmes, avec une foi et un courage surnaturels. Puis, ô spectacle digne des premiers siècles de l'Église ! l'épouse prend dans ses mains cette tête sacrée, devenue la relique d'un martyr, la presse sur son cœur, la vénère et la fait passer à Joanna. La mère, non moins héroïque que la femme, passe la main sur la tête de son fils, caresse ce visage sanglant et prononce ces tendres paroles : « O mon fils, ô mon bienheureux « fils, vous avez mérité de mourir pour votre Dieu. Que je « suis heureuse, moi pécheresse, d'être la mère d'un martyr ! « Je vous offre à Dieu en holocauste, vous, mon fils unique, « que j'ai soigné avec tant d'amour (1) ! »

Pendant que le P. Hyacinthe Marez lisait cette page admirable, Guillaume écoutait avec une émotion religieuse ; son cœur avait des battements plus forts. Comme toujours, au récit des souffrances endurées par les martyrs, ses larmes

1. Darras et Léon Pagis, *Histoire de la Religion chrétienne au Japon.*

coulaient abondantes. Les dernières paroles de Joanna le firent tressaillir ; comme dans un éclair, il vit là-bas sa mère, et mu par un secret instinct, il dut se dire au fond de son cœur : « Et toi aussi, ô ma mère, tu seras un jour la mère « d'un martyr. »

Le martyre était maintenant devenu la passion dominante de notre héros. Là désormais se porteront les pensées et les aspirations de son âme. Mais la Providence n'était pas pressée ; avant de l'appeler sur ce théâtre sanglant, elle voulait le conduire sur un théâtre plus pacifique pour le bien de ses frères et pour l'édification de l'Église.

Le F. Guillaume venait d'atteindre sa dix-huitième année. Le noviciat touchait à son terme. Adonné à la pratique de toutes les vertus, le pieux novice voyait arriver enfin le moment où il allait se consacrer à Dieu.

En 1608, la même date du 15 août, qui avait rendu mémorables les douces émotions de la cérémonie de prise d'habit, vit se produire dans son cœur les mêmes émotions, mais empreintes cette fois de plus de gravité et de majesté. « La prise « d'habit et l'émission des vœux sont au noviciat, ce que « l'aurore et le midi sont à un beau jour. » La prise d'habit, cérémonie suave, avait délicieusement remué l'âme enthousiaste de notre jeune héros. L'émission des vœux, en le pénétrant d'énergie et d'ardeur, lui révéla les splendeurs ineffables du sacrifice et de l'héroïsme.

Le F. Guillaume sous les auspices tutélaires de Notre-Dame de Grâce, qu'il pouvait désormais, avec plus de droit, en sa qualité d'enfant de Saint-Dominique, invoquer sous le nom de Notre-Dame du Rosaire, prononça ses vœux entre les mains du même prieur qui lui avait donné l'habit, le P. Laugier.

Dès ce jour, se sentant appelé à un plus haut degré de vertu, il s'engagea à observer toutes les rigueurs de la sainte règle et à répondre par tous les moyens, qui seraient en son pouvoir, à la sublime vocation vers laquelle il se sentait définitivement appelé.

Le livre prioral du couvent d'Alby nous dit qu'il tint parole. La ferveur du novice ne fit que grandir dans l'âme du religieux [1]. Ses oraisons furent plus ardentes, ses mortifications plus longues et plus soutenues. Tant de piété, jointe à une intelligence précoce, le fit distinguer entre tous les autres. On fut persuadé que le Père Guillaume Courtet pourrait être un jour une gloire de l'Ordre, et ses supérieurs l'envoyèrent à Toulouse, pour faire les hautes études de la philosophie et de la théologie, sciences qui devaient le préparer, d'une manière immédiate, aux hautes fonctions du sacerdoce.

1. Notice de Jules Courtet, page 15.

Chapitre sixième.

Études théologiques. — Promotion du P. Courtet aux ordres sacrés.

LE P. Courtet revint dans le couvent de Toulouse vers la fin de l'année 1608. Il serait superflu de raconter les douces émotions, qui firent battre son cœur, quand il revit ce berceau de sa vocation; mais la joie avec laquelle il embrassa ses anciens maîtres fut mêlée d'une certaine tristesse. Il aurait voulu retrouver parmi eux le P. Michaëlis. Avec quels transports il se serait jeté à ses pieds ! avec quelles effusions il aurait baisé cette main vénérable! mais le grand dominicain avait,depuis un an déjà, quitté cette chère maison de Toulouse pour prendre le gouvernement du couvent royal de Saint-Maximin.

Cependant la tristesse de notre saint religieux fut bientôt tempérée par une heureuse nouvelle, car il apprenait presque en même temps que la congrégation de Saint-Louis venait d'être approuvée à Rome, et que le pape Paul V, sur la prière du roi Henri IV, venait de nommer le P. Michaëlis vicaire général. Il aurait donc la consolation de le voir encore; et, soit dans ses entretiens quand les occupations de sa charge l'appelleraient à Toulouse, soit par une correspondance suivie et autorisée, puisqu'il devenait son supérieur, il se promit de provoquer ses conseils et de profiter de ses lumières.

Il lui avait ouvert les portes du cloître,pourquoi maintenant ne lui ouvrirait-il pas le sanctuaire de la science ? De son côté, le P. Courtet s'engageait à seconder ses vues par un redoublement d'efforts et d'applications.

En effet le recueillement habituel du nouveau religieux, la douce gravité de son caractère, sa modestie, au milieu de ses succès,remplissaient Michaëlis d'admiration,et plus d'une fois en apprenant avec quelle facilité il pénétrait les questions les plus ardues de la théologie et se familiarisait avec les subtilités, que l'erreur oppose à la vérité du dogme catholique,... l'illustre réformateur dût s'écrier : Ce Religieux réjouira l'Église.

Dans l'intérieur de la maison il était également l'admiration de ses maîtres. Il discutait, non pas avec cette vivacité présomptueuse qu'inspirent la suffisance et l'orgueil, mais avec celle que donne le zèle pour la vérité.

En observant cette méthode, avec un esprit médiocre, il aurait pu s'asseoir avec honneur sur les bancs de l'école. A quelle gloire ne pouvait-il pas arriver, puisque la nature l'avait si avantageusement partagé ?

Avec sa connaissance profonde des hommes, le P. Michaëlis l'avait compris. Aussi voulut-il que le jeune religieux, ses études terminées, les perfectionnât, en prévision des services qu'il aurait à rendre à la communauté dans l'enseignement. La volonté du père était pour le fils comme un ordre du ciel, et bien que cette disposition retardât son départ pour les missions, objet de tous ses vœux, il s'y soumit avec une abnégation admirable, et, pour répondre aux vues que ses supérieurs avaient sur lui, il mit en activité toutes les ressources de son intelligence. Ses progrès dans les sciences sacrées furent merveilleux et lui valurent quelque temps après l'honneur de tenir une chaire de théologie, sous le titre de *prælecteur*.

Quelque temps après il fut élevé à une dignité bien supérieure à toutes celles d'ici-bas, au sacerdoce, qu'il avait désiré dès son enfance et sollicité par les vœux ardents de sa jeunesse et cependant, il en vit arriver le jour avec une sainte frayeur. Il savait que l'homme le plus parfait, eût-il la pureté des anges, reste toujours indigne d'un si redoutable ministère. Mais il savait aussi que le sacerdoce était la condition indispensable pour réaliser en sa vie les desseins de Dieu, et il se courba avec une humilité profonde sous la main du Pontife.

Ce dut être un spectacle ravissant de le voir monter à l'autel pour la première fois. Il y parut comme un saint pénétré de respect, de foi et d'amour. Son visage enflammé reflétait les ardeurs de son âme, et sa ferveur s'échappait en prières si brûlantes et en soupirs si profonds, que tous les assistants en étaient ravis, saisis d'une dévotion qui les transportait avec le jeune prêtre dans les régions de l'amour divin.

Il est à croire que le jour de sa première messe vit grandir dans son âme ce désir ardent du martyre, dont il brûlait dès ses plus tendres années,comme s'exprime le supérieur général de l'ordre. Comment, en immolant le Christ sur l'autel du sacrifice, ne se serait-il pas proposé de s'immoler un jour lui-même pour sa gloire (1) ?

Sérignan n'avait pas revu depuis de longues années le jeune Guillaume. Tous l'avaient suivi du regard dans son acheminement vers le cloître et vers le sacerdoce. Tous auguraient de beaux jours,pour l'Église et pour la patrie,de cette sainteté qui caractérisait en traits si profonds la vie de leur jeune compatriote. Ils en étaient fiers et se sentaient grandir eux-mêmes à proportion des progrès qu'on admirait en lui. La mère de Guillaume, modeste et franchement pieuse, écoutait toutes ces choses et les recueillait dans son cœur, bénissant Dieu de toutes les merveilles qu'il daignait opérer. Le fils, devenu prêtre, avait hâte de venir mettre un baume sur la plaie qui saignait encore au cœur de ces bons parents, depuis la consommation du sacrifice. Il leur arriva,les mains pleines de bénédictions, le cœur brûlant de tendresses plus fortes, plus intimes que jamais, depuis qu'elles s'étaient ravivées au contact du Dieu de l'eucharistie. Cette bénédiction, ces effusions d'amour filial, que l'onction sacerdotale rendait encore plus sacrées, les dédommagèrent de toutes les larmes versées, et les récompensèrent amplement de leur généreuse abnégation.

Ce fut avec joie qu'ils adorèrent,entre les mains de leur fils, ce Dieu si bon, si aimable, même dans ses épreuves, ce Dieu qui ne leur avait ravi leur fils que pour le rendre encore plus

1. « Quum teneræ adhuc esset ætatis, martyrii desiderio incensus ». *Lettre de Nicolas Rodulphe, général de l'ordre 1641.*

beau, plus auguste et mettre sur son front l'auréole éternelle du sacerdoce du Christ.

Le Père Prieur et les vénérables chanoines de la collégiale avaient eu leur large part des douces émotions que la bénédiction du nouveau prêtre avait fait descendre en toutes les âmes.

En ce jeune prêtre, enfant de Saint-Dominique, qui leur arrivait pur comme un lis, fervent comme un séraphin, encore tout parfumé de l'onction sainte, ils n'avaient point de peine à reconnaître le pieux étudiant que leurs mains paternelles avaient si doucement guidé dans les voies de la vertu.

La plante délicate, que leur affection avait initiée aux saintes influences de la divine rosée, avait grandi : plus forte, mais toujours gracieuse, elle étalait maintenant sa belle parure de fleurs et laissait entrevoir la saine éclosion de fruits que le soleil de la grâce allait bientôt mûrir... sous de lointains climats.

Ainsi apparaissait Guillaume : toujours aimable et bon il alliait désormais à ses qualités natives la sainte gravité dont le sacerdoce pénètre le cœur et l'existence des choisis de Dieu.

A la vue de cette transformation éclatante, les chanoines étaient saisis d'admiration ; leurs yeux surtout ne pouvaient se rassasier de contempler le Père Courtet, à l'autel, offrant le saint sacrifice. Guillaume célébrait la messe, comme la célèbrent les saints, comme il devait la célébrer toujours, et surtout à Manille où, presque à la veille de son martyre, il jetait l'assistance dans un céleste ravissement. Comme d'un nouveau Thabor il descendait de l'autel, plus fervent et plus zélé dans le service de Dieu. Dans leur humilité ravie, les chanoines s'oubliaient eux-mêmes et ne rapportaient qu'à Dieu l'heureux succès de cette transformation ; mais Guillaume Courtet savait trop bien qu'après ses bons parents, les Pères chanoines avaient été les instruments les plus directs de la Providence, et la reconnaissance, cette douce vertu que ne connaissent pas les âmes vulgaires, s'était ravivée en lui trop intimement pendant les diverses étapes de son acheminement vers le sanctuaire, pour qu'il ne trouvât pas de tendres paroles d'affectueuse gratitude pour ses premiers éducateurs. En devenant ministre du Dieu qui *avait réjoui sa jeunesse*, comment aurait-il pu ne pas continuer à chérir les directeurs de son âme?

Quelques jours encore se passèrent dans cet abandon intime qui caractérise les joies pures..... Puis Dieu fit entendre sa voix.

« Va, mon fils, où Dieu t'appelle ; au ciel le rendez-vous n'aura pas de fin. »

Bientôt sonna l'heure de la séparation, et après une dernière bénédiction, une dernière étreinte, il dut dire un suprême adieu à sa famille.

Le P. Courtet ne devait plus revoir Sérignan ni ses parents bien-aimés.

Cependant la passion de notre saint religieux pour les âmes, son désir ardent de répandre le sang pour elles, prenaient de jour en jour des proportions grandissantes. Il lui semblait que le moment était venu pour lui de partir pour les terres lointaines : quels obstacles, en effet, pouvait-on maintenant opposer à son départ ? N'était-il pas prêtre ? N'appartenait-il pas à une congrégation vouée à l'apostolat, et dont chaque religieux avait au cœur la soif des âmes ? Et puis, cette voix intérieure qui le pressait d'exécuter son dessein, n'était-ce pas la voix de Dieu ? Oui, c'était bien la voix de Dieu.

Mais l'heure de notre saint n'était pas l'heure de la Providence.

Le général, soit pour éprouver sa vocation, soit qu'il ne voulût pas priver l'ordre des vertus et des lumières du P. Courtet, n'accéda pas à sa demande. Sans la repousser, il en ajourna l'exécution. En attendant, pour utiliser ses hautes qualités, il le nomma maître de Novices à la maison de Toulouse.

Chapitre septième.

Le P. G. Courtet, maître de novices à Toulouse. — Nouvelles du Japon. — Mort du P. Michaëlis. — Guillaume est envoyé professeur de théologie à St-Maximin.

TOUT le monde sait que le noviciat est l'apprentissage de la vie religieuse. Quiconque veut entrer en religion doit auparavant s'enfermer dans la solitude aimée de Dieu, et là, sous ses regards, étudier, pendant au moins une année entière, si sa vocation vient du ciel et s'il pourra, dans la suite, en remplir les devoirs. Le noviciat est donc, dans tous les ordres religieux, quels qu'ils soient, l'institution la plus importante. Aussi l'obligation d'avoir, pour le diriger des hommes éminents par leur sainteté et leur savoir, s'impose et rend les supérieurs très attentifs à les choisir. De ce choix, en effet, dépendent le maintien et l'observation des règles qui font vivre l'esprit du fondateur.

En désignant donc le P. Courtet pour remplir les fonctions de maître de novices, dans la grande maison de Toulouse, le général des Dominicains lui donnait une marque non équivoque de sa haute estime et proclamait bien haut que notre saint, en qui le nombre des années accusait encore la jeunesse, était pourtant capable de remplir les plus hautes fonctions.

Il ne se trompait pas. Sous sa direction, le noviciat devint florissant, les saintes règles furent observées, et les vertus monastiques, dont il était le premier à donner l'exemple, jetèrent dans l'âme des jeunes adeptes une semence féconde. Que de saints religieux sortirent de ses mains habiles! Ce fut comme une phalange d'apôtres, qui plus tard allèrent communiquer aux âmes le feu divin dont il les avait embrasés.

C'était en 1618. Le P. Courtet se trouvait encore à Toulouse à la tête du noviciat, quand tout à coup des ordres supérieurs lui annoncèrent de se tenir prêt à occuper une situation nouvelle. Sur ces entrefaites le provincial de Manille, dans son rapport des missions japonaises, qu'il venait d'envoyer au général de l'ordre, après avoir tracé de la chrétienté du Japon un tableau navrant, faisait entendre des appels réitérés. La moisson était grande, et les ouvriers manquaient. A cette nouvelle, le cœur de notre héros tressaillit. Comme à travers la flamme d'un éclair, il crut apercevoir un navire faisant voile vers le Japon : à bord des missionnaires...

C'étaient les fils de Saint-Dominique, et ils chantaient le *Benedictus*, hymne aimée de l'apôtre qui vogue vers les terres lointaines où les âmes l'attendent. Un écho de ces célestes harmonies venant frapper ses oreilles remplissait son cœur d'allégresse... Point de doute, c'est l'ordre du départ.

— Merci, mon Dieu, merci ! c'est là-bas que votre voix m'appelle, pour vous je verserai mon sang.

Hélas ! sa joie fut de courte durée. Quelques jours après, il partait en effet, mais ce n'était pas vers la terre du Japon qu'il faisait voile ; *apostolicamente*, dit l'historien espagnol Aduarte, c'est-à-dire à pied, portant sur ses épaules une simple besace, il se rendait au couvent royal de Saint-Maximin en Provence. C'est là que la volonté du P. Général l'envoyait pour professer la philosophie et la théologie aux nombreux étudiants que l'ordre envoyait à cette importante maison.

Brisé à l'obéissance, il se soumit sans hésitation. Tout au plus avait-il eu la pensée d'écrire au P. Michaëlis pour lui confier la peine de son âme ; mais hélas ! presque en même temps, il apprenait que le grand réformateur rendait à Dieu son âme, chargée de vertus et de mérites.

Après avoir porté la réforme dans un grand nombre de couvents, Michaëlis s'était retiré à Paris, avec le titre de vicaire-général de la congrégation de Saint-Louis ; mais la vie dure et austère qu'il menait avait miné sa santé. La fatigue de tant de voyages, entrepris pour la gloire de Dieu, lui donna le dernier coup. Il tomba pour ne plus se relever, comme un vaillant guerrier au champ d'honneur. Il avait alors 74 ans et laissait une mémoire bénie et la gloire d'avoir ressuscité, dans presque toutes les maisons de son ordre, l'esprit de saint Dominique.

Guillaume le pleura, comme un fils pleure un père. Son cœur demeura quelque temps brisé par la pensée d'être désormais privé de ce maître qu'il aimait, et qui l'avait si bien dirigé, mais bientôt il trouva dans son abandon habituel à la volonté de Dieu et dans les occupations de sa charge un adoucissement à sa douleur. Il remplissait à Saint-Maximin les fonctions de lecteur en théologie.

Comme nous l'avons vu, la *Somme* servait de texte aux leçons des professeurs dans les universités du dix-septième siècle, surtout quand les Dominicains occupaient les chaires de philosophie et de théologie ; et la gloire de ces derniers consistait à la commenter le plus doctement possible.

Ce livre fut composé au treizième siècle par S. Thomas, ce grand génie, le plus grand qui ait brillé au firmament de l'Église. Avant lui, dit Lacordaire, la science humaine était renfermée dans les écrits d'Aristote : Logique, métaphysique, morale, politique, physique, histoire naturelle, Aristote enseignait tout, et était regardé comme ayant dit le dernier mot sur toutes choses. Cependant il suffisait de parcourir quelques-uns de ses ouvrages pour s'apercevoir combien peu ce philosophe avait eu le génie chrétien, et déjà l'étude assidue qu'on faisait de lui avait porté des fruits déplorables. Il n'était pas extraordinaire d'entendre des maîtres ès-arts, par exemple, soutenir qu'une proposition était vraie selon l'évangile, et fausse selon la philosophie. En 1279, Étienne II, évêque de Paris, fut obligé de porter une censure contre 222 articles dont l'erreur avait été puisée dans les livres d'Aristote. En présence de ces éléments scientifiques, saint Thomas conçut le dessein de créer une psychologie, une ontologie, une morale, une politique dignes de s'unir aux dogmes de la foi. Laissant de côté les chimères et les aberrations du Stagyriste, il tira de ses écrits ce qui pouvait s'y glaner de vrai, éleva et transforma ces matériaux, et sans abattre ni adorer l'idole de son siècle, il ourdit une philosophie, qui avait encore dans les veines le sang d'Aristote, mais purifié par le sien, et par celui de tous ses prédécesseurs dans la doctrine. »

Ce qu'il fit pour la philosophie, il le fit également pour la théologie. Au douzième siècle, c'était le *Maître des Sentences*, qui formait l'enseignement théologique. Ce livre composé par Pierre Lombard, docteur de Paris, puis évêque de cette ville, était à cette époque d'une grande valeur. Avec un sens exquis et un ordre admirable, l'auteur y traitait les questions en rassemblant sur chacune d'elles les sentences des Pères. Ce livre divisé en quatre parties n'était pas sans défauts. Beaucoup de questions inutiles y étaient traitées ; d'autres essentielles y étaient omises. Les arguments manquaient de vigueur, quelquefois de précision et de justesse, car Pierre Lombard avait eu le tort de les appuyer sur des sens figurés ou allégoriques de la Sainte Ecriture qui ne prouvent rien, et de les présenter avec une mauvaise philosophie.

Ces défauts avaient frappé le génie de saint Thomas, et pour y remédier, il composa sa *Somme théologique*, véritable synthèse de tout ce qu'on peut savoir sur Dieu, l'homme et le Christ, exposée avec une méthode plus parfaite, une argumentation plus vigoureuse, une précision et une clarté incomparables. C'est tout ce qu'on pouvait rêver de plus grandiose et de plus divin. La *Somme théologique*, dit Darras, emprunte à la vérité métaphysique, l'inflexible régularité de son plan ; au spectacle de l'univers, la grandeur et la variété de ses aspects ; à la religion, la sainte majesté de son ensemble ; à Dieu lui-même, sa vie et sa fécondité. Nulle part on ne peut trouver une science plus étendue, plus lumineuse et plus claire. Elle transporta d'admiration et plongea dans le ravissement saint Bonaventure lui-même. Un jour, nous dit l'histoire, le docteur séraphique pria saint Thomas d'Aquin de lui dire dans quels livres il avait puisé tant de choses admirables. Le saint lui montra son crucifix. C'était la source d'où il avait tiré son enseignement, le maître qui avait illuminé son intelligence.

La *Somme* détrôna le *Maitre des Sentences*. Trois siècles

et demi plus tard, à l'époque où vivait le P. Courtet, elle n'avait rien perdu de sa gloire et servait d'enseignement dans toutes les Universités de l'État. Si les universitaires voulurent

LE CONCILE DE TRENTE, *d'après le tableau du Titien.*

en secouer le joug, c'est qu'ils tombèrent dans cette erreur lamentable de vouloir faire de la théologie sans la foi. Quoi qu'il en soit, l'Église par une préférence légitime a toujours classé la *Somme* au premier rang des livres théologiques, et son admiration pour elle est si grande qu'elle la plaça à côté de la *Bible* devant les Pères du Concile de Trente, et qu'elle ne cesse encore d'en recommander la doctrine [1]. Quel théologien n'entend encore résonner à son oreille la grande voix de l'illustre et savant Léon XIII qui glorifiait naguère, dans une encyclique remarquable, l'enseignement de l'*Ange de l'École*, exprimant le vœu qu'il devînt l'enseignement des séminaires dans le monde catholique? La *Somme* est demeurée et demeurera, à travers les siècles, comme une colonne de granit, au pied de laquelle les années, qui passent sans y imprimer aucune atteinte, déposent chacune son tribut d'hommage et de vénération mérités.

Tel fut le livre que le P. Courtet fut appelé à commenter dans l'école de St-Maximin et plus tard à Toulouse et à Bordeaux.

Il n'entre point dans notre sujet de faire connaître dans les détails ses commentaires de St-Thomas. L'histoire n'a conservé aucune trace de ses enseignements. Nous savons seulement, par elle, que le P. Courtet fut un théologien éminent et un philosophe profond [2]. Suivant l'exemple du maître, il étendait les droits de la raison jusqu'à leurs dernières limites. En toutes questions il demandait ce qu'elle peut donner. Il l'appelait à son secours pour confondre l'orgueil et les vains raisonnements des ennemis de la foi, pour soutenir les faibles dont l'âme pourrait chanceler s'ils voyaient contre la vérité des raisons puissantes, sans avoir en sa faveur des armes semblables, et enfin pour réjouir les parfaits, car nous éprouvons une joie indicible à comprendre ce que nous croyons avec une foi sincère.

Au reste, le P. Courtet ne fait pas exception dans la foule des théologiens de cette époque. Alors, comme au moyen âge, comme toujours, la raison hardie revendiquait d'être mise en possession de la plénitude de ses droits. Mais la foi est pour la raison la source de tous les biens. Elle la pénètre, et la délivre

1. Le Pape Benoît XIV disait en parlant de la Somme : Tot miracula quot articuli.
2. L'historien Aduarte, et son continuateur Gonzales.

de ses prétentions insensées. Elle l'éclaire, afin de lui montrer le chemin et de l'empêcher d'outrepasser les limites de son domaine. Elle lui découvre les précipices dont elle est environnée, et lui apprend à lever la tête sans se troubler, à s'avancer sans crainte, à s'estimer grande et belle entre les mains du créateur. Rien de plus audacieux que ces génies dont la raison a pour règle la foi ; rien de plus noble que leur démarche, rien de plus majestueux et de plus conforme à la sagesse que leur assurance. Augustin, Anselme, Thomas d'Aquin, Bonaventure, Bossuet se sont élevés à des hauteurs infinies, parce qu'ils croyaient ; d'autres, au contraire, avec un esprit vaste et fait pour les grandes choses, ont trébuché, en regardant la foi d'un air dédaigneux, en la jugeant inutile ou même un obstacle ; et leur génie, abaissé par l'erreur, a ajouté un témoignage de plus aux témoignages déjà si nombreux de la faiblesse de la raison humaine, appuyée uniquement sur ses propres forces,

Le mérite du P. Courtet comme professeur, consiste en ce qu'il suivit pas à pas les sublimes enseignements du Maître et sa méthode admirable. Aussi eut-il bientôt conquis les suffrages de ses élèves qui ne tardèrent pas à reconnaître en lui, non seulement le théologien qui expose, discute et fait valoir les droits imprescriptibles de la raison appuyée sur la foi, mais encore le pieux mystique jaloux, après les avoir mis en garde contre les ruses du mensonge, de pénétrer leurs âmes de dévotion, de confiance et d'amour. Lorsque l'occasion se présentait au milieu de ces graves démonstrations de parler le langage du cœur, il révélait le sien et il ne leur était pas difficile de deviner les luttes qui se livraient en lui. Le cœur du théologien révélait déjà le cœur de l'apôtre et du martyr.

Combien de temps le saint enseigna-t-il dans ces diverses écoles ? nous ne saurions le préciser. Ce que nous savons, c'est que les belles qualités dont il était doté, lui firent une auréole, et sa réputation grandissant parmi les enfants de St-Dominique, on le maintint jusqu'en l'an 1624, à Toulouse, à St-Maximin, à Bordeaux, dans ces hautes fonctions de præ-lecteur en théologie.

Chapitre huitième.

Nouvelles instances du P. Courtet pour les missions. — Prioral d'Avignon.

L'ANNÉE 1624 touchait à son terme. Un soir, après avoir terminé son cours, au milieu des applaudissements de ses élèves, le P.Courtet descendit de sa chaire et alla se reposer dans sa cellule, lorsque les annales des missions tombèrent entre ses mains, il lut la note suivante :

Manille, 24 septembre 1623.

« Une mission importante vient de partir pour le Japon, elle « se compose de dix religieux, parmi lesquels quatre Domini- « cains distingués de la Province, à savoir : le R. P. Diego de « Ribeira, lecteur en théologie, au couvent de St-Thomas, à « Manille ; le P. F. Dommengos de Esquiera, éminent pro- « fesseur et prédicateur ; le P. F. Lucas del Spirito Santo « lecteur ès-arts ; le P. F. Luis Bertrand ou Esarch, ministre « des Chinois et des Indiens. La mission, après avoir éprou- « vé de grandes difficultés, a pris terre le 19 juin, à *Cochi*, en « Sat-Souma. »

Après cette lecture, le P. Courtet laissa tomber le livre de ses mains et donna cours à toutes les réflexions qui s'agitaient en son esprit. — Quand donc me sera-t-il donné de fouler, moi aussi,cette terre tant désirée, et de marcher,à la suite de mes frères, dans cette carrière laborieuse, vers laquelle mon âme soupire depuis si longtemps ? — Puis il ajouta : J'écrirai encore.

Il écrivit en effet au P. Provincial et au T. R. P. Général, leur réitérant sa demande de partir pour le Japon ; pour la troisième fois il ne fut pas exaucé : l'ordre avait encore besoin de ses services. Il quitterait sa chaire de Toulouse. Un autre emploi lui serait confié; après quoi on verrait.

Le lecteur pourra peut-être se demander pourquoi tant

AVIGNON — PALAIS DES PAPES.

d'hésitations de la part des supérieurs vis-à-vis de notre saint. Qu'il se rassure. Dans toutes les communautés religieuses, un pieux supérieur tressaille de joie, quand un de ses frères lui témoigne le désir d'aller porter l'évangile aux peuples infidèles. Il ne doit pas cependant accéder légèrement à de tels désirs. Sachant qu'une pensée humaine peut se glisser dans le cœur de l'homme sous le voile du bien, et que l'illusion est facile dans les œuvres héroïques, quand les dangers apparaissent de loin, avec leur auréole de gloire et leurs luttes accomplies, il examine sur quel motif repose une telle vocation, et il excite également les Pères provinciaux de l'ordre à agir avec prudence sur ce point.

Le ministère des missions tient le premier rang entre tous, parce qu'il expose chaque jour au martyre ou au moins à des fatigues incessantes ceux qui l'embrassent. Quand un religieux le sollicite, sa demande n'a-t-elle pas pour principe l'impétuosité naturelle du caractère, un zèle intempestif, ou des motifs humains ? A-t-il l'aptitude requise ? Est-il robuste de corps ? Sa foi est-elle inébranlable, sa vertu éprouvée, sa vie irréprochable ? Autant de questions dont la solution demande une étude longue et sérieuse. Voilà ce qui explique les hésitations du P. Général et l'ajournement des desseins sublimes de notre saint.

La Providence, par une dernière épreuve, allait continuer de le former aux grandes vertus de l'apostolat et le rendre digne de sa sainte vocation.

Dans une île du Rhône, aux portes d'Avignon, s'élevait à cette époque un superbe monastère où, depuis 1219, vivaient les fils de Saint-Dominique. Dans le principe, le fleuve impétueux laissait égarer une partie de ses eaux qui, se réunissant en mares épaisses, rendaient ce lieu inaccessible aux habitants de la ville. On raconte qu'à la voix de saint Dominique les eaux se concentrèrent dans un puits qui, jusqu'à ce jour, a conservé le nom du saint. Les eaux desséchées, on se mit à l'œuvre et on construisit un magnifique monument dont il reste à peine quelques vestiges. Les siècles, en se succédant ajoutèrent à sa splendeur primitive. Guillaume de Landau, Dominicain, archevêque de Toulouse, le dota d'un cloître dont les chapiteaux et les retombées se faisaient remarquer par de fines et charmantes sculptures. Quelques débris en sont conservés dans la salle moyen âge du musée Calvet. De grands arbres, après avoir formé autour du couvent une couronne de verdure, s'étendaient un peu jusqu'au delà des remparts, qui furent construits au quatorzième siècle et enfermèrent ainsi une partie des jardins dans l'enceinte de la ville. Au milieu de l'édifice était enchâssée, comme un écrin, une église à trois nefs, ayant sur ses bas-côtés de riches chapelles; on la devait aux libéralités du cardinal Godin, évêque de Sabine, qui la fit élever en 1330. Plus tard en 1402, le pape Clément VI y éleva une sacristie où l'on voyait les tombeaux de quarante cardinaux, et l'on peut juger de ces beautés architecturales par ce qui reste du tombeau du cardinal de Brancas. C'est là, dans cette église, que Clément VI et avant lui Benoît XII furent consacrés. C'est là que Jean XXII canonisa saint Thomas d'Aquin, en présence du roi Robert et de la reine sa femme. C'est là enfin que Louis XIV, en 1660, vint se recueillir un instant et entendre la sainte messe.

Et maintenant de toutes ces magnificences, de cette histoire admirablement taillée dans la pierre et le marbre, il ne reste à peine que quelques débris pour rappeler les grandeurs qu'elles étaient chargés de porter vers le ciel. Étrange destinée des choses humaines !

Ce fut vers l'année 1624 que le P. Courtet fit son entrée dans ce monastère en qualité de prieur et avec la mission, non d'y introduire la réforme, comme l'assure l'historien Aduarte, puisque les dominicains d'Avignon l'avaient embrassée en 1615, mais de la soutenir avec zèle et fermeté. Il est probable que là, comme partout ailleurs, même dans les communautés les plus régulières, le changement de discipline ne s'était pas fait sans difficultés. Il y eut des esprits dont l'abnégation était imparfaite, et l'obéissance accompagnée de réserve, qui s'effrayèrent de cette série d'austérités nouvelles. L'humanité est partout, hélas ! avec ses faiblesses.

Pour faire observer la règle et donner aux vertus religieuses une impulsion intelligente et sûre, il fallait donc un prieur pieux instruit et ferme. Le choix désigna notre saint. Il gémit

LOUIS XIV, *d'après un buste conservé au musée de Versailles.*

amèrement de voir quel fardeau lui était imposé, en même

temps qu'on l'éloignait sans cesse de la réalisation de ses désirs. Encore une fois il dut se soumettre, et il obéit en conjurant le Dieu de saint Dominique et de Michaëlis, ses deux pères dans le ciel, de lui communiquer la sagesse et la force dont il avait besoin pour mener à bonne fin sa mission.

Il commença d'abord par abaisser ses regards sur lui-même. Le prieur doit être pour ses frères un modèle de fidélité à la règle,et démontrer par ses actions,comme par autant d'images, ce qu'il enseigne par ses paroles. Sans doute sa vie si édifiante n'avait pas besoin de réforme. La règle de Saint-Dominique comptait peu d'observateurs plus accomplis (1), mais il savait que pour réformer les autres, il ne devait donner en sa conduite aucune prise à la critique. Rappelant à sa pensée les enseignements du P. P. Michaëlis, avec lequel il lui avait été donné de converser si souvent, il résolut de retracer ses exemples, et on le vit se distinguer parmi ses frères par une fidélité irréprochable à toutes les observances de l'ordre. Il s'unissait à Dieu plus étroitement que jamais Les occupations nombreuses de sa charge, loin de lui être un obstacle, lui parurent un motif plus urgent de ne jamais détourner ses regards de ce centre de toute lumière, de toute sagesse et de toute charité.

Pour entretenir cette union, outre les exercices communs à tous les religieux, il se traça des pratiques particulières. Il passait des heures entières dans les méditations, se répandant en saints transports, et lorsque l'abondance des affaires l'empêchait de suivre l'ardeur de sa dévotion, il tenait au moins sa pensée fixée sur le Seigneur ; en travaillant sous ses yeux il gardait son cœur sans cesse ouvert aux effusions de la grâce.

Après Dieu, il se tourna vers ses frères. Leurs vertus et leurs défauts, leurs infirmités corporelles, leurs besoins spirituels attirèrent son attention. Il les embrassa dans son inépuisable charité et se considéra comme le serviteur de tous.

1. Dans toutes les fonctions que le P. Guillaume remplit dans l'ordre, dit le P. Général, Nicolas-Rodolphe, il fut un modèle d'étroite observance. Voir la lettre du général, aux sources historiques.

Cette communauté devint sa famille chérie. Elle s'était éloignée de l'enseignement du saint patriarche ; ses soins à lui vont être maintenant de réconcilier le cœur des enfants avec leur père, et de préparer au Seigneur des religieux parfaits.

Pour y arriver plus sûrement, il arrêta en son esprit de ne point laisser fléchir la justice en présence du désordre, ni de ne jamais oublier la miséricorde envers le repentir, d'être toujours fidèle à encourager la faiblesse, à affermir les forts, à se montrer prévenant et facile vis-à-vis des esprits timides, à s'associer à leurs peines, à diriger leurs travaux et à les considérer tous sans aucune exception, comme ayant droit à sa sollicitude et à son amour le plus tendre.

C'était une tâche difficile que de faire plier tout un couvent aux rigueurs d'une discipline nouvelle, mais la charité est forte comme la mort, et les difficultés ne comptent pas pour elle. Durant les deux années de son priorat, le P. Courtet mérita la confiance qu'on avait placée en lui, et, quand la volonté de ses supérieurs l'appellera à d'autres fonctions, il pourra remettre entre les mains du P. Joannes Carquet l'héritage confié à son zèle. La paix régnera dans le monastère d'Avignon, la réforme y sera acceptée, les vertus florissantes, et son successeur n'aura qu'à marcher sur ces traces, pour affermir ses frères dans la ferveur et la régularité.

Tel fut le P. Courtet dans le gouvernement de ce monastère, théâtre de tant d'événements historiques, et qui à toutes ses gloires anciennes pouvait ajouter celle d'avoir renfermé dans ses murs le vaillant martyr de Nangazaki.

Que nous serions heureux de pouvoir, dans cette étude générale, raconter, dans les détails les plus minutieux, les actes de ce grand priorat. Nous voudrions au moins citer les noms de ces saints religieux que ses enseignements, fortifiés par ses exemples, pénétrèrent d'un amour ardent pour la sainte observance et d'un zèle non moins ardent pour le salut des âmes, et aussi les noms de ces jeunes ouvriers évangéliques qui furent formés par ses soins et qu'il revêtit de la robe dominicaine. Un seul nom est donné par l'histoire, celui du célèbre P. Antoine Réginald qui devint plus tard une des gloires de l'ordre.

Le temps, ce grand destructeur, après avoir dispersé une à une toutes les pierres de ce fameux édifice, n'a pas même respecté les traces matérielles du passage de notre saint dans la ville d'Avignon. Les archives départementales n'en disent rien. Le livre des *reconnaissances féodales* renferme bien un registre signé à chaque page du nom de son successeur immédiat, *F. Joannes Carquetus prior*, mais le registre précédent, celui que nous aurions parcouru avec tant de respect et de sympathie, n'a pu être retrouvé. A-t-il été détruit ? A-t-il été perdu lors du transfert des archives dominicaines ? Singulier résultat des vicissitudes humaines ! Espérons qu'un jour des chercheurs plus favorisés mettront la main sur cette page absente et compléteront ces données générales que l'histoire nous a transmises, par des détails plus précis sur les actes administratifs de notre illustre martyr.

Après cela, que penser de ce passage de l'*Année Dominicaine*, où le P. Lafon, après avoir exposé avec quel talent et par quelles vertus personnelles,le P.Courtet soutint la Réforme dans le couvent d'Avignon, nous dit qu'il fut un instant infidèle à la grâce de sa vocation, en abandonnant la pensée de partir pour les missions étrangères ?

L'impartialité nous fait un devoir de citer le texte même de ce passage.

« Le P. Courtet, nous dit l'auteur de l'*Année Dominicaine*, « était attentif au gouvernement de sa communauté, mais « peut-être trop indifférent à exécuter les premiers desseins « qu'il avait eus, en se faisant religieux, de chercher une oc-« casion favorable de répandre son sang pour la foi. Le peu « de fidélité qu'il avait à correspondre à la grâce,l'exposait à « un danger évident ; mais Dieu, qui veille sur les siens et « qui avait destiné ce grand religieux pour être un illustre dé-« fenseur de la foi dans le Japon,ne permit pas qu'il demeurât « plus longtemps dans cette léthargie spirituelle. Il lui en-« voya une humiliation fâcheuse qui, lui ayant fait connaitre

« le péril où est un religieux qui n'écoute pas la voix du « Seigneur, lui fit en même temps détester son infidélité, et « prendre une résolution efficace de passer en Espagne, et de « là aux Philippines, pour entrer dans le Japon [1].

Ce passage qui, s'il était exact, jetterait un nuage sur les projets héroïques et persévérants de notre saint, a été sans doute inspiré au P. Lafon par des documents que nous ignorons, et nous avons le regret, dans l'intérêt de la vérité, de ne pas connaitre à quelle source il a pu les puiser.

Ce que nous pouvons répondre, c'est que cette léthargie spirituelle dont il parle, s'accorde mal avec le caractère et les précédents du P. Courtet. N'est-elle pas en contradiction, d'ailleurs, avec l'historien espagnol Aduarte qui déclare que, dans son priorat d'Avignon, il donna les preuves d'un grand homme dans la religion, dans la vertu, dans la culture des lettres et des sciences sacrées [2] ? Comment ce langage peut-il se concilier avec l'état d'un religieux infidèle à sa vocation ? N'est-elle pas en contradiction avec le continuateur d'Aduarte, le P. Dominique Gonzalès, qui assure, dans son ouvrage, que le P. Courtet ne cessa pas, depuis sa jeunesse, de soupirer vers le martyre ? et avec cette parole hardie, renchérissant sur les précédentes, que le P. de Réchac a écrite dans son livre : « Le P. Courtet hâletait sans cesse pour le martyre» ?

Comment donc supposer qu'au moment où, d'après ses biographes et le P. Général lui-même, comme on peut le voir dans la lettre qu'il écrivit en 1641 à toutes les communautés de son ordre, il donnait l'exemple des vertus les plus éminentes, il pouvait être infidèle aux inspirations du ciel ? Le saint qui, pour réformer les autres, travaillait à se réformer lui-même, c'est-à-dire à devenir plus parfait, pouvait-il oublier cette vocation sublime, qui n'avait fait que grandir jusque-là, et le martyre devenu depuis sa jeunesse la soif inextinguible de son âme ? N'avait-il pas à plusieurs

1. *L'Année Dominicaine*, t. III, page 778.

2. Aduarte. — *Historia de la provincia del sancto Rosario en Philippines* (Japon), chap. 61, page 768.

reprises sollicité de ses supérieurs la permission de partir ?

Ce que le P. Lafon appelle léthargie spirituelle, ne fut peut-être que cette disposition que l'on trouve dans les saints, de ne plus parler de leurs projets, de ne plus manifester leurs désirs, remettant à Dieu le soin de les réaliser quand il le jugera bon ; ou bien encore le P. Lafon a-t-il voulu désigner par ce mot de léthargie spirituelle l'état d'esprit du P. Courtet, contraint, en dehors des affaires spirituelles de sa maison, de se livrer aux missions diplomatiques dont il fut chargé, comme nous le verrons bientôt. Même dans ce cas, le reproche de l'auteur de l'*Année Dominicaine* ne nous paraît absolument pas fondé. Le vénérable prieur d'Avignon ne perdit jamais de vue le but qu'il s'était proposé, et la diplomatie « toujours loyale et par bien des points toute spirituelle », dans laquelle il fut engagé en vertu de l'obéissance, ne nuisit en rien aux qualités de bon et fervent religieux.

Nous pensons donc qu'il n'eut pas besoin de cette humiliation fâcheuse, dont nous n'avons trouvé nulle part de vestige, pour détester son infidélité et prendre une résolution souveraine. Il arriva probablement à notre héros ce qui arrive presque toujours aux âmes vaillantes et généreuses : le jour où son dernier sacrifice fut accompli fut le jour où le ciel exauça sa prière.

Le P. Courtet avait pris possession de son priorat d'Avignon en 1624 ; il en fut déchargé dans les derniers mois de l'année 1626 [1]. Or il fallut des considérations majeures pour lui faire quitter son poste après deux ans à peine de priorat. C'est ce que nous allons essayer d'expliquer.

1. Le P. Mahuet, qui appartenait au couvent des T. R. Prêcheurs d'Avignon, dont il a écrit l'histoire (Prædicatorium Avenionense) parle de deux ans à peine, — «qui fere annis duobus sui prioratus emensis.» — Dans un acte du 26 janv. 1627, aux liasses de la collection dominicaine (livre des reconnaissances féodales, aux archives départementales de Vaucluse, série H. 1), le prieur est absent. On lit dans un autre acte : «Anno Domini 1627 et die 10 Martis habitum concilium a J. Carqueto, qui nuper, scilicet die 1 Martis præfati anni, hora decima matutina, acceptavit confirmationem de se factam in priorem dicti conventus Avenionensis.» Ainsi le 1 mars 1627, Jean Carquet remplace Guillaume Courtet qui avait quitté le couvent dès les premiers jours de janvier de la même année, et plus tôt peut-être. Il n'avait dû y arriver que dans les derniers mois de 1624, ce qui justifie bien les *deux années à peine* du P. Mahuet.

Chapitre neuvième.

Missions diplomatiques. — Richelieu. — Départ du P. Courtet. Ses pérégrinations dans le Nord de la France.

Il y avait à peine quelques mois que le P. Courtet était arrivé à Avignon, lorsqu'il apprit que le roi d'Espagne, Philippe IV, se proposait d'expédier à ses frais aux Philippines, en vue des missions du Japon, vingt religieux dominicains sous la direction du P. Giordano [1]. A cette nouvelle, le pieux prieur renouvela ses démarches auprès du général de l'ordre, afin de faire partie de l'expédition annoncée. Ses démarches furent-elles faites trop tard ? La permission fut-elle lente à arriver, ou plutôt, comme nous allons le voir, les supérieurs de l'ordre voulurent-ils attendre l'issue de l'importante négociation dont venait d'être chargé le P. Guillaume ? Quoi qu'il en soit, quand l'autorisation si désirée arriva, le navire espagnol était déjà parti [2].

Déçu dans ses espérances, notre saint s'inclina devant cette nouvelle épreuve de la Providence et résolut d'aller en Espagne, pour attendre le départ de la flotte des Indes. Il part donc d'Avignon au mois de décembre 1626 [3], mais, au lieu de se rendre directement en Espagne, par Béziers et Perpignan, nous le voyons dans l'Est et dans le Nord de la France, et ses historiens nous le montrent à Lille, Abbeville, Paris, et deux ans plus tard, dans les derniers mois de 1628, dans les Flandres.

Comment expliquer ces pérégrinations de notre saint ? Comme il était un des soutiens les plus fervents et les plus zélés de l'observance régulière, fut-il chargé par le R. P. Gé-

1. Aduarte, t. I, l. II.
2. Ce départ s'effectua au mois d'août 1625.
3. Note de la notice de Jules Courtet, p. 16.

néral d'aller porter ou surveiller la réforme dans les maisons conventuelles du Nord de la France, ou bien remplit-il une mission politique ?

Le P. Diego Aduarte s'exprime à ce sujet en des termes sinon complets, du moins précis, et qui jettent un peu de clarté sur cette page obscure de notre biographie. L'historien espagnol, après avoir dit, dans le passage déjà cité que « le « P. Guillaume Courtet ne tarda pas à devenir un grand « homme dans la religion, dans la vertu et dans la culture des « lettres et des sciences sacrées, ajoute que dans son priorat « d'Avignon, il acquit la réputation d'un homme capable « d'exécuter de grandes entreprises, et qu'il fut chargé, tant en « France qu'à l'étranger, de négociations d'une extrême im« portance, qui eurent également l'issue la plus heureuse [1]. »

Ce texte du savant chroniqueur qui a été parfaitement en mesure de connaître notre héros, puisqu'il était son contemporain, illumine notre marche et, sans recourir aux simples hypothèses, il nous sera permis d'expliquer son départ subit d'Avignon, avant l'expiration de son priorat, sa présence à Paris, dans les Flandres, etc., et surtout son long séjour à Madrid et le rôle important qu'il y joua.

Pour que notre récit soit plus compréhensible, il est bon que nous entrions dans quelques détails sur la situation de la France à cette époque et sur ses relations diplomatiques avec les autres états.

La France était alors entre les mains de Louis XIII ou plutôt de Richelieu, son ministre. Louis XIII régnait, le cardinal gouvernait. Armand-Jean Duplessis de Richelieu appartenait à une très ancienne famille du Poitou. Il naquit à Paris en 1585. Il fut d'abord destiné à la carrière des armes : c'était celle que suivait son frère aîné, le marquis de Richelieu, qui fut tué en duel en 1618, et n'eut point de postérité, mais son frère puîné, évêque de Luçon, s'étant démis de la mitre pour se faire chartreux, la famille Duplessis, pour ne point

1. Aduarte, *loc. cit.*, cap. 61, p. 768.

perdre cet évêché, fit entrer le jeune Armand dans les Ordres.

LOUIS XIII, d'après l'ouvrage intitulé : *Les hommes illustres et grands capitaines français qui sont peints dans la galerie du palais royal.*

Sacré évêque à 22 ans, député du Poitou en 1614, il fut sur la présentation du P. Joseph, nommé aumônier de la régente

Marie de Médicis, et la suivit dans sa disgrâce d'abord à Blois, ensuite à Avignon. Après la mort de leur ennemi, le connétable de Luynes en 1622, grâce encore aux amicales négociations du P. Joseph, il obtint la pourpre cardinalice et, deux ans après, entra au conseil d'État. Il y entra en maître qui ne connaît ni collègues, ni égaux, et tout céda sous le poids de cette volonté, devant laquelle ployèrent pendant dix-huit années la France et le roi.

On a tant dit de mal du cardinal-ministre, que nous aurions mauvaise grâce de vouloir en dire trop de bien. C'est une de ces figures qui défient la perspicacité du critique, et sur laquelle l'histoire tardera longtemps à dire son dernier mot. Des auteurs sérieux ont dit de la politique de Richelieu, qu'elle était aux antipodes de la politique traditionelle de la papauté et que, par la guerre qu'il déclara à la classe nobiliaire et aux nations catholiques, il a été un des préparateurs, un des artisans les plus actifs de la Révolution. D'aucuns, plus acerbes, n'ont pas craint de dire que tout en lui était astuce et qu'il « consultoit plus Machiavel que son bréviaire », et ils lui font dire cette parole de despote : « Je coupe tout, je « fauche tout, je couvre tout de ma robe rouge [1]. »

Si nous n'osons taxer d'absolue fausseté ces divers jugements, il nous sera du moins permis de les trouver sévères. La politique de Richelieu ne fut pas peut-être exempte de reproches, mais ses intentions ont pu être droites. Il l'affirme du reste à son lit de mort : « Voilà mon juge, dit-il, en mon- « trant l'hostie, le juge qui prononcera bientôt ma sentence. « Je le prie donc de me condamner, si dans mon ministère « je me suis proposé autre chose que le bien de l'Église et de « l'État [2]. »

Les dernières paroles d'un mourant, si elles ne doivent pas influer sur le jugement de l'historien, peuvent du moins

1. Ménard, *Histoire de S. Vincent de Paul*, t. IV, p. 8. 8. — Darras, XXXVI, p. 539. — Lavallée, *Histoire de France*, t. III, p. 99.

2. *Bibliothèque nationale*. Manuscrits, t. DXC, fol. 298, recto. — Le P. Griffet t. III, p. 596.

l'incliner à l'indulgence. D'ailleurs il est un témoignage que nous ne pouvons qualifier de suspect, c'est celui du roi lui-même : les manuscrits et les mémoires de l'époque affirment que Louis XIII eut pour Richelieu une sincère admiration.

Louis XIII ne fut pas ce que certains historiens se sont complu à répéter, un roi sans portée et sans intelligence, incapable et indolent. Sans doute, en présence du génie de Richelieu, le caractère de Louis XIII ne semble pas à la même hauteur que celui de Henri IV en regard de Sully, mais cela tient à cette différence, trop méconnue jusqu'ici, que Henri était un homme de génie, et Sully un homme de sens, tandis que Louis XIII fut un homme de sens, et Richelieu un homme de génie. La Providence l'a ainsi voulu dans l'intérêt de notre pays. A un ministre de génie, il ne fallait qu'un roi de sens ; c'eût été trop de deux génies à la tête d'un gouvernement tel que la France [1].

A défaut d'autres titres, ce serait assez pour la gloire de Louis XIII d'avoir apprécié et placé à la tête de son gouvernement, un ministre en qui il vit seulement le grand politique et l'homme de génie. Le roi qui aimait son pays et voulait lui assurer le premier rang parmi les nations, l'accepta, non pas comme un maître, mais comme un collaborateur, dans la guerre aux nobles, dans la répression des Huguenots et surtout dans la grande œuvre que nous avons principalement en vue dans notre récit, l'abaissement de la maison d'Autriche.

La maison d'Autriche avait repris toute l'influence dont elle jouissait en Europe sous Charles-Quint et Philippe II. La cour de Madrid s'était ranimée.

Celle de Vienne était en pleine prospérité. Jamais l'accord des deux branches n'avait été si intime ; elles identifiaient toutes deux leur existence avec celle du catholicisme, et leur puissance était devenue prépondérante, exorbitante même, au point de déséquilibrer l'Europe entière.

Richelieu, secondant les vues de Louis XIII, qui pour-

---

1. *Mensonges historiques* par Barthélémy : *Étude sur Louis XIII.*

suivait la politique de son père, Henri IV, combattit à outrance cette prépondérance et ne cessa d'opposer une

CARDINAL RICHELIEU.

digue au progrès de la double maison d'Autriche et d'Espagne.

Ces deux nations étaient à cette époque les places fortes du catholicisme. Les affaiblir, c'était, par contrecoup, affaiblir le catholicisme. Richelieu, pour qui les intérêts de la France primaient toute chose, combattit les protestants au dedans et les servit au dehors, parce que, pour lui, assurer la prépondérance française, même au détriment des deux états catholiques, c'était encore le meilleur moyen de servir son pays d'abord, et en le servant, d'assurer le progrès et la prospérité du catholicisme, dont la France avait été de tout temps le défenseur et l'appui. Il se trompa peut-être dans son patriotisme. Urbain VIII, qui favorisa la politique de Richelieu aux dépens de celle de Ferdinand II d'Allemagne, se trompa avec lui.

Quoi qu'il en soit, il entra en lutte avec la maison d'Autriche. Entre autres démêlés, il en est deux dans lesquels le P. Courtet a joué un rôle, modeste sans doute, mais apprécié et heureux. Ce sont les seuls que nous relaterons brièvement ; nous voulons parler de l'affaire de la Valteline et de la guerre de Trente-Ans. La première commença à Avignon, et la seconde termina, à Madrid, les négociations diplomatiques de notre héros.

Les Autrichiens et les Espagnols avaient projeté de s'emparer de la Valteline, petit pays situé aux pieds des Alpes dans la contrée des Grisons. A cause de sa situation entre le Tyrol appartenant à l'empereur et le Milanais qui était alors à la maison d'Autriche-espagnole, les deux maisons auraient ainsi uni leurs forces et fermé le passage de secours de la Suisse et de la France avec la Vénétie et les petits princes voisins. La France était donc intéressée à s'opposer aux Espagnols, qui voulaient asservir l'Italie, et à secourir les Grisons, ses anciens alliés, contre les Valtelins révoltés.

Après de nombreux pourparlers, entrecoupés d'escarmouches, Louis XIII avait fait conclure à Madrid, en 1621, par son ambassadeur, un traité qui remettait toute chose en l'état primitif. Le duc de Feria, gouverneur de Milan, ne voulut pas exécuter le traité, ni les Valtelins (qui s'entendaient avec lui) retourner sous la domination des Grisons. En 1623,

Louis XIII conclut une ligue avec la république de Venise et le duc de Savoie, pour forcer les Espagnols à sortir de la

PHILIPPE II, *d'après le tableau de la Galerie de Vienne, XVIe siècle.*

Valteline. Les papes, Grégoire XV d'abord, Urbain VIII ensuite, sur la prière des Espagnols, s'interposèrent pour défendre les intérêts catholiques des Valtelins. Les négociations traînaient en longueur. Richelieu, qui désirait amener cette affaire à bonne et prompte fin, munit de pleins pouvoirs le P. Joseph pour négocier un accommodement avec le pape.

Le P. Joseph, qu'on s'est plu à appeler l'Éminence grise, parce que son froc de capucin apparaissait toujours derrière la robe rouge du cardinal, était l'*alter ego*, le bras droit du ministre. Par l'entremise du P. Joseph, à qui Richelieu devait son élévation et sa fortune, de nombreux religieux de tous ordres avaient accès au conseil. Une des tactiques de Richelieu (tactique à laquelle il devait plus tard donner un démenti formel), était de leur confier ses négociations, parce que, disait-il, « la piété et la foi ont un instinct secret, un flair que n'auront jamais la science et l'intelligence ».

L'ordre de Saint-Dominique jouissait alors d'une grande renommée ; il dirigeait de nombreuses maisons et comptait dans ses rangs des hommes fort remarquables. A la tête de l'ordre se trouvait le P. Séraphin Siccus (de Secchi), homme de distinction et de science, que le gouvernement avait eu maintes fois l'occasion d'apprécier. Il avait vu Marie de Médicis et Richelieu, lors de leur internat à Avignon. Plus tard il vint saluer les reines Marie de Médicis et Anne d'Autriche à Paris, et on le retrouve encore en 1624 conférant avec Louis XIII et son ministre, au siège de la Rochelle. Dans tous ses entretiens, il fut à même de donner son avis sur la marche des choses, et, à la demande de Richelieu, lui indiqua le prieur d'Avignon comme étant, parmi ses religieux, un des plus aptes à seconder le gouvernement et le P. Joseph dans leurs négociations politiques et religieuses. Le P. Courtet n'était pas un inconnu pour le gouvernement. Pendant le séjour de Richelieu à Avignon, soit en se rendant à Saint-Maximin, soit en revenant, il avait vu le futur ministre qui ne manqua pas de l'apprécier et fut tenté de l'employer par la suite.

Notre religieux, « que précédait déjà sa réputation d'homme « capable d'exécuter les plus grandes entreprises », fut agréé par le cardinal, et adjoint aux autres religieux, qui escortaient le P. Joseph.

Au milieu de ces négociations, explorateur éprouvé et prudent, le P. Courtet se fit bientôt remarquer par un grand tact et une grande habileté,doublés de sagesse et de vertu.Ses bons rapports avec le prélat papal, qui résidait à Avignon, le mettaient plus particulièrement à même de favoriser les négociationsqui se traitaient alors entre le gouvernement français et la cour de Rome, au sujet de la Valteline. Ne voyant dans sa mission d'honneur que les services qu'il pouvait rendre à la France et à l'Église, le prieur d'Avignon toujours zélé et actif prêta son concours au roi.

Avec un si précieux auxiliaire, l'Éminence grise ne tarda pas à terminer heureusement la question de la Valteline, qui était toujours pendante. Grâce au capucin diplomate, un traité fut conclu, en mars 1626, à Monçau, qui remettait « toutes les affaires des Grisons et de la Valteline en l'état où elles étaient au commencement de l'année 1617, « annulant pour cet effet tous traités précédents». Ce traité, dont les clauses étaient en tous points favorables à la religion catholique, réjouit le souverain pontife Urbain VIII, qui envoya de magnifiques éloges au cardinal et au P. Joseph pour avoir fini si heureusement une affaire de cette importance.

Après ce coup d'essai qui avait révélé en lui de grandes qualités administratives et politiques, le prieur d'Avignon fut signalé à l'attention de ses supérieurs. Aussi quand il réitéra ses démarches pour sa chère mission du Japon, le P. de Secchi, tout en lui envoyant la permission tant désirée, le suppliait de vouloir bien, dans l'intérêt de la patrie et de l'Église, continuer ses pieux services au gouvernement. Toujours obéissant et résigné, ne cherchant en toutes choses que la plus grande gloire de Dieu, le P. Courtet, d'abord pendant les derniers mois qu'il passa à Avignon, ensuite pendant les deux ans qui s'écoulèrent depuis son départ de cette ville jusqu'à son embarquement pour l'Espagne, prêta l'appui de son zèle au Cardinal Richelieu et au P. capucin pour l'heureux achève ment des affaires diplomatiques qui surgissaient de toutes parts à cette époque laborieuse et tourmentée.

La Rochelle, boulevard des Huguenots, était assiégée, et

LA ROCHELLE.

la fermentation se faisait sentir puissante et redoutable dans le reste des provinces.

Le Languedoc, le Dauphiné, la Provence, entr'autres, étaient travaillés par la Réforme. L'Éminence grise avait besoin de tous ses ouvriers. Le P. Courtet, toujours empressé à seconder de son appui les efforts du gouvernement pour l'extension de la cause catholique, n'épargna ni ses forces ni son talent pour comprimer les tristes effets de la révolte ; et depuis les derniers jours de 1624, jusqu'en 1628, il répondit au delà de toute espérance aux pieux desseins du P. de Secchi et du cardinal Richelieu.

Il n'employa pas que ses talents diplomatiques dans cette œuvre qui lui était confiée. Encore plus saint religieux qu'il n'était habile négociateur, il savait que Dieu doit intervenir en toutes choses. Les réformés auraient pu résister devant la force et la ruse ; ils s'inclinèrent devant la vertu et la pieuse éloquence de notre héros.

Cependant sa mission diplomatique ne lui faisait pas perdre de vue la mission spirituelle dont l'avait chargé le supérieur général de son ordre : parti *apostolicamente*, nous dit encore le chroniqueur espagnol, souffrant, avec autant de foi que de patience, les fatigues et les intempéries de son long voyage, il s'essayait aux difficultés qu'il devait rencontrer un jour sur les terres étrangères.

Les détails nous manquent sur la manière dont il parcourut son itinéraire spirituel, à travers les maisons de son ordre, qu'il avait à réformer ou à consolider dans la réforme. Il se rendit à Lille où il séjourna momentanément dans le couvent des Frères Prêcheurs. Il en était déjà sorti, après un court séjour, lorsqu'il fut obligé d'y rentrer par suite des rigueurs de la saison.

Décidé à prendre un autre chemin, il arrive à Abbeville, et rentre dans une église. Quelle n'est pas sa surprise ou plutôt sa joie, lorsque la vue d'un tableau du maître-autel lui apprend qu'il est dans un monastère de son ordre, Après avoir célébré la sainte Messe, il fait appeler la supérieure. Celle-ci, ravie de voir un religieux de l'illustre congrégation de St-Louis, l'un des plus vertueux et des plus savants, le conjure de prêcher à la communauté. Il s'exécute de bonne grâce et, le jour de la Toussaint, il parle en des termes si éloquents, si persuasifs, que ces épouses du Christ, qui vivaient dans la plus stricte observance, vivement touchées de ses discours, voulurent se purifier par une confession générale. Après quelques jours de pieuse édification et de retraite, il voulut se mettre en route, mais elles le supplièrent de n'en rien faire.

« Ayez pitié de nos âmes, lui disent-elles, parlez-nous en-
« core des vertus de notre sainte règle, de Dieu et des vérités
« éternelles, afin que nous puissions nous maintenir dans la vie
« de la perfection, que vous nous avez si bien montrée. »

Le P. Courtet qu'appelaient ailleurs et ses devoirs, et ses occupations, se refusait à leurs instances. Les religieuses entrèrent en prière, et avec tant de ferveur qu'elles obtinrent le miracle que le ciel avait autrefois accordé à la pieuse Scholastique, désireuse d'entendre Benoît, son frère, lui parler encore des choses du ciel. Leur saint empressement était exaucé ; une pluie extraordinaire, inattendue, qui dura huit jours, contraignit notre saint de rester dans ce monastère [1].

Mais bientôt le P. Courtet, se sentant plus pressé que jamais de suivre les mouvements de la grâce, vint à Paris où très probablement il entra en conférence avec le P. de Secchi, pour lui rendre compte de ses tentatives d'apaisement dans les provinces huguenotes, et prendre de là de nouvelles instructions.

Quelques mois avant, le 11 juin 1628, saint jour de la Pentecôte, le chapitre général des Dominicains, après avoir pris connaissance des lettres du provincial du Saint-Rosaire, de Manille, qui demandait un renfort de missionnaires pour le Japon [2], tint une séance solennelle et décida l'envoi d'un grand nombre d'ouvriers. Le P. de Secchi crut ne pas devoir prolonger plus longtemps l'impatience de notre saint et le

1. Notice de M. Jules Courtet, sous-préfet, page 21.

2. Acta capituli generalis ordinis F. F. Prædicatorum, sub Seraphino Sicco, papiense generale Tolosæ, die Pentecostes 11 juin 1628 : præsente Fr. Melchiore de Mancano, definitore, pro provincia Sanctissimi Rosarii Philippinarum — Monemus Patrem Provincialem, ut opportune mittat in Japoniam fratres ex sua Provincia idoneos ad illarum gentium conversionem et sæpius de progressu prædicationis certiorem faciat Reverendissimum Patrem Magistrum generalem ».

pressa de se rendre en Espagne au plus tôt, attendre le départ de la flotte des Indes.

Le P. Guillaume reçut cette nouvelle avec transport, mais

CONDÉ LANÇANT SON BATON DE COMMANDEMENT.
Statue de David (d'Angers). Dessin de Fellmann.

dans l'impossibilité de revenir dans le Midi, pour prendre la route d'Espagne, parce que Condé et Montmorency, chacun à la tête d'une armée, parcouraient le Languedoc et y commettaient d'horribles ravages, alors que Rohan de son côté se rendait maître de Nîmes, de Montauban et de Castres, où il déployait autant d'énergie que de désespoir, il se rendit à Nantes, où il s'embarqua. Il quittait le sol bien-aimé de la France pour ne plus jamais le revoir, le cœur attristé de ne pouvoir embrasser une dernière fois sa mère et dire adieu au cher pays qui avait abrité son enfance, mais la résignation chrétienne adoucit l'amertume de son âme, et ce fut avec confiance en Dieu qu'il accomplit son sacrifice. Désormais pour lui, les affections de la terre devaient le céder aux affections d'en haut, la patrie d'ici-bas devait disparaître devant la patrie du ciel.

Chapitre dixième.

Séjour du P. Courtet en Espagne. — Il continue ses missions diplomatiques.

LE P. Courtet arriva en Espagne le huit décembre de l'année 1628. Son premier soin fut de se rendre à Madrid, afin d'attendre une occasion favorable qui lui permettrait d'aller aux îles Philippines. L'Espagne était, à cette époque, la grande pourvoyeuse des Missions de l'Extrême-Orient et particulièrement du Japon. Depuis de longues années déjà, les édits impériaux avaient interdit l'entrée des ports Japonais aux navires étrangers, et c'était par la voie des Indes ou des îles Philippines que s'effectuaient les départs des missionnaires. Sa Majesté très catholique, le roi des Espagnes, ayant pris le protectorat des Indes et des Philippines, son approbation était nécessaire aux religieux des divers Ordres, qui partaient en mission. On refusait rarement cette autorisation, et c'était toujours accompagnée de subsides et de faveurs particulières qu'on l'accordait aux navires en partance.

Le séjour du P. Courtet en Espagne dura six ans. N'y eut-il pas pendant ce laps de temps aucun embarquement de missionnaires pour les Philippines ou pour les Indes ? Ce n'est pas probable. Pourtant les documents, que nous avons entre les mains, nous inclinent à croire que les expéditions devenaient de plus en plus difficiles. Les communications étaient presque interrompues entre les Espagnes et le Japon. Le navire de Macao, qui était parti avec un renfort de missionnaires pour les terres Japonaises, s'était trouvé retenu pendant deux ans au Japon, et les nouvelles de 1627 à 1630 n'arrivaient que très incomplètes. D'ailleurs (et c'est là vraiment ce qui nous expliquerait, sinon le séjour du P. Courtet en Espagne, du moins son retard à partir pour le Japon), l'expédition dont il devait faire partie, et qui avait à sa tête le P. Collado, fut entravée par des circonstances et des difficultés qu'on nous permettra de relater.

Le P. Collado, qui plus d'une fois avait eu l'occasion de faire le voyage des Philippines et du Japon, avait dès longtemps formé le projet de démembrer de la province du St.-Rosaire de Manille, le Japon, la Chine et les autres pays infidèles, où cette province avait des missions. Il avait donc sollicité ce démembrement en 1627, auprès du Maître Général de l'Ordre, le Père Séraphin de Secchi. Mais ce vénérable supérieur, éclairé par sa longue expérience, avait reconnu les périls de la division et opposait sur la matière un perpétuel silence au P. Collado ; il lui avait de plus, et pour d'autres causes, défendu de s'occuper dorénavant des Indes. Le Conseil de cette province avait décidé en outre que ce Père ne retournerait plus aux Philippines.

Le P. Collado se serait alors désisté de ses desseins, et l'expédition serait partie sans lui; mais après l'élection du nouveau Général, Nicolas Rodulphe, en 1629, il profita de ce que le nouveau supérieur n'avait pas eu le temps de se mettre au courant de ces affaires pour tromper sa religion,et obtint l'érection d'une Congrégation nouvelle,sous le titre de St-Paul,dont il fut lui-même nommé vicaire-général. Ces mesures étaient prises, à l'insu de la province et même de son procureur à Madrid.Le P. Collado n'ignorait pas que le consentement du roi d'Espagne était nécessaire, en raison de son patronat religieux dans les Indes. Il voulut alors sonder le terrain, et s'adressa aux conseillers royaux qui rejetèrent tous ses projets. Voyant que la raison et la justice manquaient à sa cause, il recourut à l'adresse et fit en sorte de se faire nommer supérieur des religieux qui allaient partir, dissimulant avec soin ses projets au procureur des Philippines. Il devait réussir.

Pendant que l'esprit humain, par ses desseins à courte-vue et ses ambitions mesquines, retardait l'œuvre de Dieu et mettait à l'épreuve la patience de notre saint, la Providence

1. Pagès, *Histoire du Japon*, page 814.

utilisait sur un autre terrain et mettait à découvert tout ce qu'il y avait de brillant, de distingué et de surnaturel dans l'âme et la conduite du P. Guillaume. Obligé d'attendre le départ de la flotte qui devait le porter à destination du Japon, sous la direction du P. Collado, il se disposa, dans la pratique des vertus monastiques et sacerdotales, à se rendre digne de la grande et sainte vocation à laquelle Dieu allait bientôt l'appeler. Il fut dans le monastère de Madrid ce qu'il avait été dans les diverses maisons de France, qu'il avait habitées, un modèle d'édification et de vertu.

Cependant, sur l'ordre de ses supérieurs, il continua les négociations diplomatiques dans lesquelles il s'était fait un si beau renom de tact et d'habileté. « Car ce ne fut pas seulement « en France, mais encore à l'étranger, dit Aduarte, que le P. « Courtet fut chargé d'affaires importantes, et comme celles « de France, elles eurent l'issue la plus heureuse. »

Depuis le traité de Monçau, qui avait terminé l'affaire de la Valteline, l'Espagne et la France, sur le qui-vive, se surveillaient, s'épiaient. Ce n'était pas l'hostilité ouverte, mais ce n'était pas non plus l'amitié, et les relations étaient très tendues, d'autant que la guerre de Trente-Ans, qui n'était autre chose que la lutte des nations protestantes de l'Europe contre la maison d'Autriche, se continuait furieuse de part et d'autre. Richelieu, qui caressait toujours son but, l'abaissement de la maison d'Autriche, soit qu'il ne jugeât pas le moment propice, soit qu'il fût contrarié dans ses projets par la reine Marie de Médicis, qui avait de grandes affections pour l'Espagne, garda, sinon de fait, du moins en apparence, la neutralité pendant les périodes Palatine et Suédoise. J'ai dit en apparence, car en vrai politique qu'il était, il soutenait en secret de ses conseils et de ses subsides l'épée de Gustave-Adolphe. Cette neutralité dura jusqu'en l'année 1635.

Pendant ce temps, pour ne pas effaroucher la susceptibilité de la reine-mère, à qui il devait son élévation, Richelieu continuait ses relations avec l'Espagne et en confiait, comme toujours, le soin aux religieux qu'il appelait ses *plénipoten-*

tiaires avec plus d'ironie que de vérité. Le P. Courtet, qui s'était si brillamment signalé dans ses négociations en France, était tout naturellement désigné pour ces délicates fonctions. La cour de Madrid l'avait d'ailleurs en grande estime, autant pour l'habileté avec laquelle il avait mené à bonne fin, de concert avec le P. Joseph, l'épineuse affaire de la Valteline, que pour sa sainteté remarquable.

La confiance qu'on avait en lui, était telle que l'ambassadeur de France, monsieur de Baraut, édifié de sa modestie et de sa sagesse, le choisit pour son confesseur. Était-ce un directeur donné par Richelieu ? Ce que nous savons des industries diplomatiques du Cardinal le laisserait supposer, et il est fort probable, dans tous les cas, que le P. Courtet eut souvent l'occasion de diriger les actes politiques de son pénitent, tout en ne négligeant pas les intérêts spirituels de son âme. La reine d'Espagne elle-même lui octroyait beaucoup de grâces, et professant une estime particulière pour ses vertus, lui accordait de fréquentes audiences « afin de conférer avec lui sur les affaires de son salut » [1]. L'estime de la reine lui attira bientôt la confiance des grands d'Espagne, et on fut sur le point de faire révoquer la permission qu'il avait de passer au Japon. Dieu ne le permit pas et notre héros, en attendant, tâchait de se rendre utile à son pays et à l'Église.

Avec les autres plénipotentiaires, qui concouraient avec lui à assurer la bonne harmonie des deux nations, il essaya de défendre les intérêts catholiques, et de maintenir les traditions et les droits de la papauté, tout en aidant le cardinal Richelieu dans ses rêves patriotiques de prépondérance française. Le problème était difficile à résoudre, et le pape Urbain VIII lui-même, après avoir favorisé en principe les visées du Cardinal-Ministre, commençait à ouvrir les yeux et à contrarier son programme de réorganisation Européenne.

Sur ce terrain de la diplomatie et de la politique, où la ruse joue un plus grand rôle que la conscience, où l'intérêt étouffe bien souvent les sentiments du devoir, le P. Courtet ne se sentait

1. Notice de Jules Courtet.

pas à l'aise et soupirait après le moment où le salut des âmes et la gloire de Dieu deviendraient l'unique préoccupation de son zèle. Il se sentait apôtre et non diplomate. La cour avec ses dangers et ses exigences effrayait sa vertu, et il suppliait Dieu d'alléger son tourment et de combler les désirs de son cœur.

Le ciel n'allait pas tarder à exaucer ses prières.

Comme nous l'avons vu plus haut, Richelieu attendait un moment favorable pour entrer en lice dans la guerre qui agitait l'Europe. Ce moment vint, période désastreuse, où l'intervention victorieuse de la France devait faire pencher, à la fin, la balance en faveur de l'hérésie et de la révolution. Gustave-Adolphe avait déjà essuyé de nombreuses défaites ; la Réforme perdait du terrain, et la maison d'Autriche, vaillamment défendue par le valeureux Velleinstein, marchait de conquêtes en conquêtes. La voyant déjà se redresser, plus fière, plus prépondérante que jamais, Richelieu leva peu à peu le masque, prit fait et cause pour le parti protestant et se disposa à combattre à outrance la catholique Autriche.

A la vue de ce revirement funeste qu'il voyait se produire dans la politique française, et en prévision des orages qui ne tarderaient pas à éclater, le P. Courtet comprit que sa place n'était plus à la cour d'Espagne, et que Dieu l'appelait définitivement, loin des disputes et des chicanes de la diplomatie, loin des bruits et des horreurs de la guerre, sur le terrain pacifique de la charité.

« Mon Père, lui avait dit une personne d'une grande piété, qui avait été frappée des vertus éminentes de notre saint, mon Père, vous n'êtes point fait pour la cour et le monde, pour les vaines agitations de la politique et de l'intérêt ; votre vocation est l'apostolat, votre fin le martyre. Bientôt pour vous l'heure de Dieu sonnera (1). »

En attendant que cette prédiction se réalisât, le P. Courtet voulut faire un dernier effort. N'écoutant que la voix de sa conscience, et s'inspirant d'un patriotisme vrai et sincère,

1. Notice de Jules Courtet, page 25.

il usa du crédit que lui donnaient sa situation à la cour de Madrid et ses bons rapports avec le gouvernement français, pour amener le cardinal ministre à de meilleurs sentiments. « Bon nombre d'autres religieux s'entremirent avec lui pour faire adopter un projet de ligue, qui aurait à la fois combattu les protestants et pondéré la puissance d'Autriche ([1]). » Richelieu ne daigna pas même écouter et regarda de bien haut de pareils entremetteurs. Il se moqua de ces bons religieux qui voulaient se mêler des affaires de l'État, comme si rapporter les choses du temps aux intérêts de l'éternité n'était pas la seule façon honnête d'en régler l'existence. Lui-même, d'ailleurs, ne s'en était-il pas servi autrefois avec succès? Le P. Courtet, avec cette audace qu'ont les saints, quand la vérité est en cause, insista. Le fier ministre, d'un mot, lui ferma la bouche.

Le sort en était jeté, et les événements allaient se précipiter à bref délai, sans trêve et sans merci. Notre saint religieux, satisfait d'avoir accompli son devoir, se réfugia dès lors entre les bras de la Providence et attendit en paix que les desseins de Dieu, selon la prédiction qui lui en avait été faite, s'accomplissent sur lui.

Quelque temps après, le P. Collado réussissait à se faire nommer supérieur des missionnaires, et le P. Matteo de la Villa, procureur de la province des Philippines, à Madrid, et prieur du principal couvent de cette métropole, venait de ratifier les conditions et le jour du départ ([2]).

Les entraves avaient duré six ans. Ce long délai avait aguerri l'âme de notre vaillant héros, et en le dégoûtant du monde l'avait tourné plus passionnément que jamais vers les saintes joies de l'apostolat. Sans un regret, sans un regard jeté en arrière sur les jours de gloire qu'il avait pu traverser, il dit adieu aux splendeurs de la cour, aux applaudissements du monde, aux vanités du siècle, et le cœur fixé vers l'horizon de ses rêves et de son amour, il s'embarqua joyeux, intrépide, sur le navire qui devait le porter à destination des îles Philippines. C'était en 1634.

1. Darras, *Histoire de l'Église. Guerre de Trente-Ans.*
2. Pagès, *Histoire du Japon*, p. 814.

Chapitre onzième.

Arrivée du P. Guillaume à Manille. — Professorat. — Sa vie sainte et austère.

LES Philippines, archipel volcanique de la Malaisie, ont été découvertes par Magellan en 1521 et soumises en 1568 par Louis Velasco, vice-roi du Mexique, sous le règne de Philippe II qui leur donna son nom. La ville de Manille, admirablement située sur la baie du même nom, à l'embouchure du Rio-Pasig, est la capitale de l'île de Luçon, la plus importante des Philippines. A peine fondée (en 1571), cette ville était devenue, grâce à sa situation merveilleuse et à la protection du roi très catholique d'Espagne, un centre de propagande religieuse en même temps qu'un foyer de science. En peu d'années, on y vit s'élever un archevêché, des églises, des monastères, des écoles. Des missionnaires y arrivaient, protégés par les armes du roi des Espagnes, et pendant que les soldats de Philippe IV soumettaient les indigènes, les PP. Jésuites, et après eux, des religieux de tous ordres, aplanissaient les voies vers la civilisation par l'enseignement de l'évangile. Les insulaires, qu'aurait révoltés le glaive et la force, inclinèrent leur front et leur cœur devant la croix, et l'église de Manille ne tarda pas à devenir florissante.

Manille tirait en grande partie son importance de sa situation. Depuis que les empereurs du Japon avaient défendu aux Européens l'entrée de leurs ports, les missionnaires se réfugiaient aux Philippines, attendant le moment favorable pour pénétrer dans les terres Japonaises, et les navires arrivant du Portugal et de l'Espagne stationnaient dans les eaux de Luçon. Chassés du Japon, les chrétiens et les missionnaires venaient se retremper et se recruter dans cette ville hospitalière, où la religion était honorée, où la croix s'élevait libre et radieuse dans les airs, où tout parlait de paix et de charité.

Entre tous les ordres qui étaient venus s'établir aux Philippines, celui de Saint-Dominique était prospère, formant des missionnaires dans les couvents, répandant l'instruction dans les écoles. Les séminaires surtout étaient devenus une splendide pépinière de savants et d'apôtres, et grand nombre de jeunes gens indigènes et Européens se pressaient au pied des chaires professorales pour apprendre la science qui fait les martyrs et les saints. Mais les persécutions, les maladies contagieuses avaient fait des vides nombreux dans les rangs du séminaire dominicain, et le P. Provincial du Saint-Rosaire, Dominique Gonzalès, attendait avec impatience le navire espagnol qui devait lui amener un renfort de religieux.

Ce fut un vrai jour de fête à Manille, lorsqu'arriva le P. Collado, suivi de ses vingt-deux Pères Dominicains ; jour de fête aussi et d'ineffable allégresse pour le P. Courtet, lorsqu'il posa ses pieds sur la terre étrangère. Oh ! sans doute, ce n'était pas encore le Japon, le martyre, mais c'en était le chemin, et son cœur tressaillit d'espérance en entrevoyant, par delà l'horizon, les terres Japonaises, qu'il devait bientôt arroser de son sang. Il réprima l'impatience qui dévorait son âme, et plein de déférence pour les ordres de ses supérieurs, il consentit à séjourner aux Philippines. Ce séjour lui était d'ailleurs nécessaire, moins pour s'exercer dans les fonctions apostoliques que pour se perfectionner dans l'étude de la langue Japonaise.

Quelques difficultés avaient un peu assombri l'arrivée des missionnaires à Manille ; nous allons les relater brièvement. Pendant la traversée, le P. Collado, toujours désireux de créer une province nouvelle dont il aurait été le supérieur, s'efforça de détacher les jeunes missionnaires de la province, vers laquelle ils étaient envoyés. En arrivant, il exhiba quelques lettres relatives à l'érection de sa congrégation. Le P. Provincial du St-Rosaire lui répondit qu'il était disposé à obéir, sauf l'adhésion du roi d'Espagne, en sa qualité de patron des Philippines. Le P. Collado, n'ayant pu présenter l'adhésion royale, essaya de fomenter quelques troubles et de gagner à sa cause plusieurs de ses frères.

Le P. Courtet, qui pendant la traversée avait résisté avec respect mais très énergiquement à ses avances, ne contribua pas peu, arrivé aux Philippines, à maintenir ses frères dans la voie du devoir, et il fut le premier à s'affilier à la province du St-Rosaire sous la direction du P. Dominique Gonzalès ([1]). Les autres religieux imitèrent son exemple.

Ce ne fut que plus tard, en 1638, que parvint à Manille la cédule royale qui ordonnait la restitution, à la province de St-Grégoire, des couvents distraits par Collado. Mais la soumission de ce Père avait devancé la réparation. L'ordre royal prescrivait de le renvoyer en Europe. Il quitta donc Cagayan, où il s'était retiré, pour revenir à Manille. Mais s'étant embarqué sur une jonque délabrée il fit naufrage. Il pouvait se sauver à la nage car le rivage était tout près, il préféra rester à bord afin de confesser les passagers. Bientôt un coup de mer engloutit la barque, et Collado disparut. Telle fut la fin d'un religieux plein de zèle, mais souvent inconsidéré. Dieu permit que ses erreurs fussent rachetées par une soumission profondément humble et par une mort héroïque([2]). L'émotion occasionnée par ces troubles fâcheux se dissipa bientôt, et les nouveaux religieux furent répartis par le provincial dans diverses localités.

Le P. Gonzalès, édifié de la conduite noble et généreuse que le P. Guillaume venait de tenir dans cette affaire, tint à le garder auprès de lui, et comme il avait appris quelle réputation il s'était faite par sa science, sa vertu et ses hautes qualités, il l'institua premier lecteur en théologie dans le célèbre collège de St-Thomas de Manille. Confus, dans son humilité, de ce choix qui le distinguait entre tant de religieux si recommandables par leur savoir et leurs vertus, notre saint s'inclina devant la volonté de ses supérieurs et n'eut plus qu'une chose à cœur dans cette chaire de St-Thomas, continuer sous l'œil de

1. Pagès, *Histoire de la religion chrétienne au Japon*, p. 884.
2. Léon Pagès, *Ibidem.*

Dieu l'œuvre éminemment grande et salutaire, vers laquelle avaient tendu tous ses efforts à Toulouse, à St-Maximin, à Bordeaux, la formation de véritables disciples de l'Ange de l'école. Si ses enseignements furent, comme par le passé, marqués au coin de la sagesse, il est à présumer que l'apôtre à Manille parlait plus éloquemment encore que le professeur et que le P. Guillaume, savourant par avance les douces émotions de l'apostolat, dut parfois trouver des accents inspirés et faire passer dans l'âme de ses scolastiques la flamme qui embrasait son âme de saint. Un apôtre pour qui se préparait déjà l'auréole du martyre, pouvait seul préparer dignement à l'immolation les jeunes religieux indigènes ou européens qui venaient à Manille revêtir le froc de St-Dominique. Ce fut l'œuvre du P. Courtet, et il l'accomplit avec le double prestige de la science et de la sainteté.

Le P. Guillaume n'oubliait pas qu'il avait, lui aussi, son apprentissage à faire pour l'heure du sacrifice, et que pour dignement former des missionnaires, il devait commencer par donner lui-même l'exemple des vertus apostoliques. A Manille, comme en Europe, il ne tarda pas à exciter l'admiration de tous ses frères, édifiés par sa modestie et son recueillement. Les scholastiques eux-mêmes le vénéraient comme un saint : tous le regardaient comme appelé à de grandes choses.

Aduarte, parlant du P. Guillaume Courtet à Manille, nous dit cette simple parole, mais elle est significative : « Il y enseigna la théologie, en attendant la mission, objet de tous ses vœux ». Mais en attendant que l'heure tant désirée sonnât à ses oreilles, il préparait son âme par l'oraison, consacrant à la prière et ses jours et ses nuits. Il macérait son corps et faisait de la pénitence sa nourriture quotidienne. Il ne prenait qu'un peu de sommeil la nuit, sur une chaise, ou dans une des stalles du chœur, nous dit le P. Rechac, et lorsqu'il traversait les couloirs du collège, laissant s'échapper par tous les traits de son visage le rayonnement de son âme apostolique, les religieux s'inclinaient, et les écoliers, joignant les mains, mur-

muraient ces paroles : « c'est un saint » ; et lui de s'écrier en versant des larmes d'amour : « O Dieu, qui faites les martyrs, « JÉSUS crucifié, je ne suis pas encore assez digne de vous, « de votre humiliation, et de votre croix. Encore, encore, Sei- « gneur ! *nunquam satis !* » Et il réitérait ses mortifications et il multipliait ses jeûnes. Tout l'avent, le carême et trois jours de la semaine, du pain et de l'eau formaient toute sa nourriture. « Il mangeait si peu les autres jours, dit un historien (1), qu'on était surpris qu'un homme occupé à l'étude, passant une partie de la nuit en oraison, et s'infligeant de sanglantes disciplines, pût résister à ce genre de vie.

Un trait entre autres nous donnera une idée de la vie de pénitence que s'imposait le professeur de St-Thomas de Manille. Aux Philippines, les indigènes, pour se prémunir contre les piqûres douloureuses des moustiques et des insectes, s'enveloppent la nuit dans une sorte de filet ou gaze appelée moustiquaire ; les religieux de la province du St-Rosaire étaient autorisés à s'en servir. Notre illustre pénitent ne voulut jamais user de cette précaution innocente; il restait toute la nuit à découvert, exposé à la fureur des insectes qui dévoraient et ensanglantaient son visage, sans qu'il fit le moindre mouvement pour les chasser.

Très souvent il portait une ceinture de fer, où il avait enchâssé, en l'honneur des quinze mystères du Rosaire, quinze rosettes garnies de pointes très aigües, qui pénétraient dans les chairs et faisaient ruisseler le sang de tous côtés. Il se chargea encore d'une autre chaîne de fer très rude et se revêtit d'un cilice, qui paraissait si effroyable aux religieux, qu'ils avouèrent n'avoir jamais rien vu de pareil (2).

Ces mortifications faisaient la joie de notre saint et, s'il avait dans l'âme une peine, c'était de ne pas souffrir assez pour son Dieu, et de son cœur montaient souvent à ses lèvres ces paroles brûlantes : « JÉSUS, JÉSUS, ce n'est pas encore là

1. Jules Courtet, sous-préfet, p. 24, 25.
2. Jules Courtet, sous-préfet, p. 24,25. — P. Lafon, *Année Dominicaine.*

« le chemin de la croix, c'est trop doux pour aller au martyre « et au ciel. »

Cependant, ajoute le P. Lafon, lorsqu'il n'avait que des rigueurs et des sévérités pour lui-même, il ne respirait que douceur et charité pour les autres, et cette tendresse paraissait surtout à l'égard des pénitents qui s'adressaient à lui pour se confesser ; il compatissait à leurs misères, et parce qu'il était convaincu que le confesseur lui-même n'est pas exempt des faiblesses de la pauvre nature humaine, son zèle ne négligeait rien pour consoler les âmes et les encourager au service de Dieu.

C'est un saint, disait-on dans le couvent du St-Rosaire. — *C'est un saint*, répétait toute la ville de Manille, et les fidèles venaient en grand nombre se jeter à ses pieds et solliciter l'absolution de leurs fautes. Plus d'une fois on vit même la foule se presser dans la chapelle du Monastère, pour contempler les traits vénérés du Bienheureux Guillaume, lorsqu'il montait à l'autel, et entendre la Messe qu'il célébrait avec une modestie et une dévotion angéliques.

Ces pieuses manifestations se répétaient souvent autour de son humble personne et lui étaient un étrange supplice. — Il s'anéantissait alors devant Dieu et devant les hommes, tout couvert de confusion. Il ne pouvait pas comprendre pourquoi la foule courait à lui, pauvre religieux. « Je ne suis, disait-il, qu'un fragile roseau, qu'un ver de terre, tandis qu'ici, dans cette maison, tous mes frères sont éminents par la doctrine et la sainteté », et il les comparait aux cèdres du Liban [1].

Un jour, dans la grande salle des études de cette célèbre école de Manille, il y eut un véritable tournoi théologique, où donnèrent tour à tour religieux et élèves. En sa qualité de premier lecteur, le bienheureux Guillaume dirigeait ces débats solennels. Jamais on ne l'avait entendu parler avec tant de précision et de pieuse éloquence. Ce n'était pas la voix d'un

1. Le Père Lafon, *Année Dominicaine*.

homme qui discute froidement, défendant les vérités, les unes après les autres. C'était la voix d'un saint, dont le regard semble contempler à découvert les choses admirables qu'il communique à ses auditeurs. Il allait ainsi, d'un ton ferme et inébranlable dans ses rapides et lumineuses réponses, quand tout à coup, le P. Antoine Gonçalès, deuxième lecteur de Manille, le même qui devait l'accompagner au Japon et au martyre, se leva et voulut argumenter contre lui. Il argumenta, en effet, mais avec un peu trop de véhémence, dit le P. Lafon. La réponse du P. Guillaume ne se fit pas attendre, mais entraîné par la vérité, il parla un peu plus haut que d'habitude, sans toutefois sortir des bornes de la modération. C'en était assez. On le vit aussitôt descendre de sa chaire et se diriger, le visage empreint de confusion et de tristesse, vers le P. Antoine Gonçalès : « Mon Père, lui dit-il, en se jetant à ses pieds, je vous ai offensé, et j'ai scandalisé mes frères par la vivacité de ma réponse ; veuillez me pardonner. » Et il sanglotait ; à cette scène touchante, une émotion profonde avait gagné l'assemblée — et tous, ravis d'admiration devant tant d'humilité, se demandaient ce que le Seigneur ferait un jour de ce grand religieux.

Ici comme toujours, le P. Guillaume ne parut pas se douter des sentiments que sa noble conduite avait fait naître dans tous les cœurs, tant l'humilité lui était devenue naturelle. Les yeux sans cesse fixés sur celui qui a dit : « Apprenez de moi à être doux et humble », il cherchait toutes les occasions d'en produire les actes. On aurait dit qu'il se plaisait dans les mépris de la vie cachée.

Un secret instinct révélait à son âme que l'homme ne peut être vraiment saint qu'en face de la douleur et dans l'abnégation de soi. La véritable grandeur, en effet, est dans l'humilité, qui n'abaisse devant Dieu que pour élever au-dessus des choses humaines. Et voilà pourquoi il n'y a rien de plus sublime que les saints : C'est le plus grand spectacle que la terre puisse offrir au ciel.

« Vous ne savez pas, écrit saint François de Sales, de quoi

« les anges nous portent envie ? Certes, de nulle autre chose « que de ce que nous pouvons souffrir pour Dieu, et ils n'ont « jamais souffert pour lui. »

Les anges durent porter envie à notre héros, en le voyant ainsi s'anéantir et chercher dans ce noviciat de la douleur et des abaissements, comme prélude du martyre, le secret de la véritable grandeur !

Chapitre douzième.

Tristes nouvelles du Japon. — Magnifique élan des Pères du Saint-Rosaire demandant à partir. — Le Père Courtet est désigné.

C'EST par ce terrible noviciat, que nous n'avons pu qu'esquisser à grands traits et qui dura environ une année, que le Père Courtet se préparait à sa noble mission. « Il haletait sans cesse au martyre. », nous dit le Père Jean de Sainte-Marie : c'est bien le mot ; il en perdait le souffle tant ses désirs étaient impatients, et souvent ses yeux se mouillaient de larmes et sa poitrine se gonflait, lorsque, sur les bords de la magnifique baie de Luçon, il tournait ses yeux, là-bas.... bien loin, vers cet horizon immense, derrière lequel son cœur d'apôtre entrevoyait cette terre teinte du sang de tant de martyrs, et où il manquait son sang. Ses lèvres priaient alors, et les accents de son âme montaient au ciel brûlants et généreux.

D'autres fois aussi, tout en haletant vers le martyre, il franchissait les mers, il dévorait l'espace, et transporté sur les ailes de l'amour filial, il se retrouvait dans son cher Sérignan, où vivaient les siens : un père vénéré, une mère tendrement aimée. Mais ce n'était pas dans la tristesse et le désespoir qu'il les entrevoyait. Non, là-bas au pied de l'autel, une femme priait, égrenant son rosaire, souriant à travers les larmes à la Madone de Grâce. Et la Mère du ciel souriait à son tour à la mère de la terre, en lui montrant son Fils JÉSUS !...

Ce spectacle retrempait le cœur du vaillant Guillaume, et, le regard fixé au ciel, il murmurait, lui aussi, la prière que murmurait sa mère, l'*Ave Maria* consolateur. Les deux murmures montaient, portés par les anges, pour se rencontrer au Paradis, et la Vierge de Grâce, attirant à elle le cœur du fils et le cœur de la mère, les unissait tous deux dans un même embrassement, dans une même prière : l'embrassement de l'amour, la prière du sacrifice et de la résignation.

Cependant de tristes nouvelles arrivaient du Japon. Comme nous le verrons plus tard, le sang coulait à flots sur la terre infidèle. Pas de mois ne se passait à Manille, sans que quelque communication n'arrivât, pleine de pénibles et sanglants détails.

Au collège de Saint-Thomas, tous, Pères et Frères, européens et indigènes, pressés de marcher au martyre, s'enflammaient au récit des *Annales japonaises*. Ceux d'entre les religieux qui avaient pu pénétrer au Japon à l'insu des espions impériaux, n'avaient pas tardé à payer de leur tête leur zèle apostolique, heureux de cimenter de leur sang l'édifice du Christ.

En 1633, avaient péri trente-quatre religieux de différents ordres, dont trois Dominicains. Le P. Diego de Sancta-Maria, arrêté le 4 juillet, avait expiré le 15 août à Nangasaki, après des tortures indescriptibles. Quelque temps après, les religieux de la province de Manille apprenaient que le P. Domingo d'Esquierra, supérieur de son ordre, et vénéré des chrétiens comme un apôtre, était à son tour tombé aux mains des persécuteurs, pour de là passer en celles de Dieu. Avec lui avaient été conduits au supplice le P. Francesco Lucas del Spirito Sancto et Antonio de Souza. Tous deux, racontait l'indigène qui avait pu passer aux Philippines, avaient été arrêtés le jeudi, huit septembre, fête de la Nativité de la sainte Vierge. Conduits dans la prison, les deux Pères récitèrent le *Te Deum*, et se lavèrent réciproquement les pieds, en présence des Bonghios ([1]) ravis d'étonnement.

Ces détails arrachaient des larmes aux religieux du Saint Rosaire, ravivaient leurs désirs et leur soif de sacrifice, et lorsqu'ils apprirent que le dernier cri de ces héros de la foi avait été un appel à leurs frères d'Europe et de Manille, tous se levèrent s'écriant avec transport : « La croix est

1. Mot japonais qui veut dire : bourreau, geôlier.

tombée des mains de nos frères, à nous de la relever et de la montrer à ceux qui dorment dans les ombres de la mort. *Eamus et nos et moriamur.* Allons nous aussi, et mourons. »

Ce cri vibrait encore plus fort et plus émouvant dans l'âme de notre saint, et ses démarches devenaient alors plus pressantes et plus suppliantes que jamais. Hélas! à ces instances le P. Provincial ne pouvait opposer que la réponse de la prudence: les difficultés étaient devenues de plus en plus insurmontables; le gouverneur des Philippines avait reçu ordre de ne point favoriser le départ des navires pour le Japon; les édits impériaux se succédaient impitoyables, menaçant de représailles terribles et le vice-roi des Indes et le gouverneur des Philippines ; tout accès au Japon était devenu impossible. Devant toutes ces raisons, le P. Guillaume restait inébranlable, et sa réponse était toujours la même : « Dieu aplanira les voies; il enverra plutôt ses anges pour frayer un chemin aux ministres du Christ. »

Depuis l'année 1633, la maison de Manille ne comptait plus sur les terres du Japon que deux religieux, le P. Giordano de San Stephano et le P. Thomas de Saint-Iacinthe, qui avaient seuls survécu à l'héroïque phalange des enfants de Saint-Dominique, pour parler du Christ et de sa Mère aux pauvres Japonais. Aussi les suivait-on du regard et du cœur au couvent du Saint-Rosaire.

Dans les commencements, les nouvelles arrivaient consolantes ; les Dominicains attendaient, recevaient, baisaient avec enthousiasme le récit qui leur parlait de leurs frères : puis les nouvelles se firent rares ; puis rien n'arriva plus. Les semaines, les mois s'écoulèrent sans qu'on sût le moindre détail. Les cœurs se serraient d'angoisse. Un jour, c'était en mars 1636, un messager indigène arriva, apportant des nouvelles du Japon. On l'entoure, on le questionne, on le presse. Les deux religieux, partis en 1633, avaient été arrêtés le 4 août de l'année suivante, fête de leur saint patriarche. Après de longs mois passés dans les prisons, suppliciés de toutes manières, le corps percé de bambous, ils avaient été brûlés.

Au milieu de leurs souffrances, les deux martyrs avaient chanté les louanges du Christ et de Marie, sa mère, et s'étaient donné rendez-vous au paradis.

Cette mort, qui rappelait tous les héroïsmes des martyrs de la primitive Église, avait enflammé encore davantage le zèle de nos religieux. En mourant, les Pères Giordano et Thomas de Saint-Iacinthe avaient adressé un appel à leurs frères, pour le rachat des âmes. Ce dernier appel ne pouvait pas ne pas être entendu. D'un commun accord, les religieux de Manille se levèrent, s'offrirent à l'envi, et la province eût été dépeuplée si l'on eût accueilli tous les dévouements : « Mon « Père, s'écria le Père Guillaume, je suis prêt à partir, je « m'offre en victime pour la gloire de Dieu et de son servi- « teur Dominique. »

Le P. Provincial prononça le *fiat* tant désiré ! L'heure avait sonné. Les vœux de notre saint étaient accomplis. L'ordre, qui l'envoyait en mission ou plutôt au supplice et à la mort, fut accueilli par le P. Guillaume comme une heureuse nouvelle, qui devait réjouir son âme et la délivrer des illusions trompeuses et des joies grossières du monde. Son cœur se confondit en un *Te Deum* intime, cantique d'amour et de reconnaissance. Déjà sur son front, illuminé par le sacrifice, rayonnait l'auréole du martyre !

L'apôtre était prêt. Il allait partir!

FIN DE LA PREMIÈRE PARTIE.

DEUXIÈME PARTIE.

Le Vénérable Guillaume Courtet,

APOTRE ET MARTYR.

Chapitre premier.

Description. — Gouvernement du Japon. — Mœurs. — Religion des Japonais.

LE grand empire, que les Européens appellent Japon et qui porte parmi ses habitants le nom de Nippon [1], a près de trois cents lieues du sud au nord. C'est un archipel composé de quatre grandes îles, dont la principale, au centre, s'appelle Nippon ou Hondo [2] ; elle est séparée par un détroit de la deuxième île, nommée Kiou-Siou. Le nom de la troisième est Sikok ; au nord se trouve Yeso (le pays des sauvages).

Ces quatre îles sont entourées d'autres îles, plus ou moins grandes, et gouvernées par de petits princes ; il y en a encore une infinité d'autres, qui ne sont que des rochers stériles dépourvus d'habitants.

Cet empire, de 39,000 000 d'âmes, découvert en 1269 par Roquebuys et le Vénitien Marco-Polo, fut reconnu par le Portugais Mendez-Pinto, et ouvert aux trafiquants portugais en 1542. Il s'étend entre le 24° et le 51° de latitude nord et entre le 119° et le 154° de longitude Est en face de la Chine, de la Corée et d'une partie de la Tartarie, dont il paraît être un démembrement, s'il faut en juger par son sol éminemment volcanique et le morcellement de ses îles.

Deux souverains se partagent, à l'époque de notre histoire, l'empire du Japon : l'un que les voyageurs appellent le monarque séculier, le *Taïcoum* ou *Cubo Sama*, qui jouit réellement de toute l'autorité temporelle ; l'autre qu'ils nomment le monarque ecclésiastique, ou *Mikado*, qui continue la succession des anciens empereurs, ou *Daïris*, avec l'apparence

1. Le mot de Japon vient du chinois *gapaen* — qui signifie levant ou le pays d'où le soleil se lève.

2. *Hondo* est synonyme de district ou contrée principale.

de la souveraineté, mais dont le pouvoir se réduit à régler les affaires de la religion et à prononcer sur certains différends, qui s'élèvent entre les grands.

Miako, qui est le centre du commerce et le magasin général des manufactures de l'empire, est la résidence de cet empereur dégradé, qui ne reçoit sa subsistance que du Cubo Sama et du revenu qu'il tire de la ville et de ses dépendances ; il est regardé comme pontife suprême et sa personne est sacrée. Il croirait profaner sa sainteté, dit Kempfer, s'il touchait la terre du bout du pied ; quand il veut aller quelque part, il faut que des hommes le portent sur leurs épaules. Il ne s'expose jamais au grand air ni même à la lumière du soleil, qu'il ne croit pas digne de luire sur sa tête. Autrefois, il était obligé de se tenir assis sur un trône, pendant plusieurs heures de la matinée, la couronne impériale en tête, et dans une parfaite immobilité qui passait pour un augure de la tranquillité de l'État ; si, par malheur, il lui arrivait de se remuer ou de tourner les yeux, on s'imaginait que la guerre, la famine, ou d'autres fléaux terribles ne tarderaient pas à désoler l'empire. On l'a délivré d'une aussi gênante cérémonie [1].

Le Mikado est encore entouré d'un luxe inouï et il affecte en tout, jusque dans les moindres détails, une magnificence qui va jusqu'à la profusion. — Tous les cinq ou six ans, l'empereur séculier, Taïcoum, rend une visite solennelle au Daïri ; on emploie une année tout entière aux préparatifs de ce voyage qui s'effectue avec un déploiement de pompe extraordinaire. C'est avec une armée et tout l'appareil d'une cour que le Taïcoum va rendre hommage à l'empereur spirituel, dont il se dit le premier vassal alors qu'en réalité il

1. Le prestige du Mikado est tel, qu'aucun profane n'est admis à le regarder. Chaque jour on lui apporte sa nourriture dans une vaisselle neuve, que l'on brise quand elle a paru sur sa table ; les Japonais sont persuadés que la bouche et la gorge des laïques s'enfleraient à l'instant, s'ils mangeaient dans cette vaisselle sacrée. Il en est de même des vêtements du Daïri ; celui qui les porterait s'exposerait à être puni par une enflure au cou. — Cet habillement est simple : c'est une tunique de soie noire sous une robe rouge ; il porte sur la tête une espèce de chapeau, avec des pendants assez semblables aux fanions d'une mitre.

en est le véritable maître. Cette cérémonie n'est qu'une pure formalité et n'empêche pas que le Taïcoum ne jouisse d'un pouvoir absolu.

Outre son domaine qui équivaut à plus de la moitié du Japon, et les droits qu'il prélève soit sur le commerce étranger, soit sur les mines, chaque seigneur est obligé de lui entretenir un nombre de soldats, proportionné aux revenus de la province qu'il administre ; ce qui porte l'armée du Cubo Sama au chiffre de 450,000 fantassins, et de 70,000 hommes de cavalerie.

Les lois du Japon consistent dans les ordonnances de l'empereur et quelques anciennes constitutions, dont on ne peut appeler à aucun tribunal. Les ordres du Taïcoum sont exprimés en peu de mots ; jamais il ne donne des raisons pour expliquer sa volonté, mais souvent il laisse aux juges subalternes la détermination de la peine ou du supplice contre les infracteurs des lois. Les Japonais trouvent de la majesté dans ce style concis et sec qui n'est que celui du despotisme.

Au-dessous du Taïcoum sont les Daïmios, grands vassaux, possédant de vastes domaines répartis en fiefs entre des vassaux inférieurs, désignés sous le nom de Samuraï ; ces derniers forment la classe militaire. — La classe inférieure de la population se compose du Heïmin, c'est-à-dire des paysans, des artisans, des marchands, etc.

En général les Japonais sont fort mal faits ; ils ont le teint olivâtre, les yeux petits, la taille au-dessous de la moyenne— leur habillement est noble et simple ; les grands portent des robes en soie traînantes, chamarrées de fleurs d'or et d'argent, à manches larges et pendantes. Les ornements dont ils paraissent le plus fiers sont des écharpes de grande finesse, qu'ils mettent en guise de cravates ou de ceintures. Ils ne sortent jamais sans le sabre ou le poignard, dont la poignée et souvent le fourreau sont enrichis de perles et de diamants.

Les Japonais ont un grand amour de la science; ils ne négligent rien pour cultiver l'esprit de leurs enfants, et ne mettent aucune différence dans l'éducation des deux sexes.

Les femmes savantes ne sont pas rares parmi eux. L'étude de la religion, de la philosophie, les leçons d'éloquence et de morale, de poésie et de peinture constituent le côté principal de l'instruction.

Le peuple Japonais est intelligent, laborieux, tempérant ; il a le caractère gai, enjoué, affable ; il est doué d'un grand talent d'imitation, mais il n'a pas l'esprit inventeur. D'après M. Georges Bousquet, si l'esprit des Japonais est vif, il va par saccades et par bonds; ses élans spontanés sont très souvent suivis d'affaissements complets, et comme toutes les natures sauvages, il passe fréquemment de l'enthousiasme au délire et à la fureur la plus cruelle. Les missionnaires s'accordent à dire que les Japonais ont l'imagination belle, une vive pénétration d'esprit, et une sensibilité d'âme si grande qu'il n'est pas rare au Japon de voir fondre en larmes tout un auditoire.

L'honneur est le principe de toutes les affections des Japonais ; de là naissent la plupart de leurs vertus et de leurs défauts. Le point d'honneur est également vif dans toutes les conditions, d'où il arrive que chacun, le Daïmios comme le Heïmin, est sur ses gardes, et que le respect est mutuel dans tous les états. — Il en est de même de la grandeur d'âme, du zèle pour la patrie et pour la religion, du mépris pour la vie [1] et d'une certaine audace que tout Japonais porte sur son visage et qui l'excite à tout entreprendre.

Ce peuple est naturellement religieux ; il souffre la vérité qui le condamne, et convient de ses excès, de ses erreurs, lorsqu'on les lui fait connaître.

---

1. Kempfer raconte que deux gentilshommes s'étant rencontrés sur un escalier du palais impérial, leurs épées se touchèrent. Celui qui descendait se regarda comme offensé ; l'autre s'excusa en protestant que c'était l'effet du hasard, il ajouta qu'après tout le mal n'était pas grand, que ce n'était que deux épées qui s'étaient touchées, et que l'une valait bien l'autre : « Je vais vous le faire voir, reprit le premier, et sur-le-champ il tire son poignard et s'en ouvre le ventre. Le second, sans répliquer, monta en toute hâte pour servir sur la table de l'empereur un plat qu'il tenait dans ses mains, et revint ensuite, et trouvant son adversaire qui expirait, il lui dit qu'il ne se serait pas laissé prévenir, s'il n'eût été occupé au service du prince, mais qu'il le suivrait de près pour lui montrer que son épée valait bien la sienne. Et aussitôt, il se fendit la ventre et tomba mort.

Quantité de sectes étrangères s'étaient établies au Japon avant l'arrivée des missionnaires. — Quelques auteurs en ont compté jusqu'à douze dont les principes et les pratiques n'ont rien de commun. Les unes adorent le soleil ou la lune, et d'autres offrent leur encens à divers animaux. La plupart des grands passent pour athées et croient l'âme mortelle, quoiqu'à l'extérieur ils fassent profession de quelque secte.

Entre ces sectes,on remarque le Bouddhisme,qui pénétra au Japon par la Chine au VIe siècle, secte profondément corrompue, qui compte un nombre considérable d'adeptes. Mais la secte qui mérite le premier rang, plutôt à cause de son caractère patriotique et de son antiquité que par le nombre de ses sectateurs, c'est le Sintoïsme.

Le Sintoïsme est la religion nationale. — C'est l'apothéose et la déïfication des savants, des ancêtres illustres, des héros célèbres, des princes qui ont gouverné le pays. Devenus des esprits ou des divinités, sous le nom de Kamis, ils ont chacun leur paradis, les uns dans l'air, les autres au fond de l'océan, dans le soleil, dans la lune et dans tous les corps lumineux qui éclairent le firmament. Leurs temples qui dans certaines villes sont en aussi grand nombre que les maisons, portent le nom de Mias, c'est-à-dire demeure des âmes immortelles.

Cette religion n'a ni dogme ni code moral ; elle possède seulement un rituel, qui recommande des sacrifices ou simplement des offrandes consistant en gâteaux, huile, oiseaux vivants, etc, et accompagnés de la récitation d'une prière à l'Esprit. Le but principal que se proposent les sintoïstes est le bonheur en ce monde.Ils n'ont qu'une idée fort obscure de l'immortalité de l'âme, des peines et des récompenses au delà du tombeau. Aussi ne les voit-on pas s'inquiéter de ce qu'ils deviendront dans l'autre vie. Toutes leurs prières ont pour objet de se concilier la faveur des dieux qui dirigent les affaires d'ici-bas. Les prêtres sintoïstes, connus sous le nom de Yamabas (moines des Montagnes),n'ont pas de couvent et ne sont pas astreints au célibat. Ils sont peu estimés des grands et des savants du pays, mais ils en imposent au peuple, en leur faisant accroire qu'ils sont versés dans les arts et les sciences magiques.

Le fanatisme dans les idées, le matérialisme dans la conduite, voilà les deux grands adversaires qu'eut à combattre la religion du Christ au Japon. Ministres de paix et d'amour, les missionnaires catholiques vinrent parler à ces pauvres insulaires du ciel et de l'Évangile, et leur promettre le bonheur en ce monde et dans l'autre par la pratique des vertus chrétiennes. La lutte fut terrible et la terre du Japon fut arrosée du sang de quantité de martyrs, missionnaires et fidèles.

La semence était jetée. Il appartenait à Dieu de la féconder en lui faisant produire des fleurs et des fruits [1].

1. Ce que nous avons dit dans ce chapitre a été puisé en grande partie dans les ouvrages suivants : *Le Japon*, Edouard Fraissinet. — Maltebrun. — *Abrégé de l'histoire générale des voyages*, de Laharpe. — *Histoire du Japon*, Kœmpfer, etc.... et se rapporte surtout, en ce qui concerne l'administration civile et politique, à l'époque que nous étudions. Personne n'ignore que cet état de choses a disparu depuis la Révolution de 1868 ; le système féodal a fait place à un régime plus démocratique et plus libéral. Les départements ont remplacé les provinces; l'ancienne étiquette est brisée, et cet empire paraît définitivement conquis à la civilisation européenne et chrétienne.

Chapitre deuxième.

Origines et progrès du christianisme au Japon. — Persécutions sous les empereurs Nobunanga, Taïco-Sama, Chôgoun-Sama et To-Chôgoun-Sama.

SAINT François-Xavier a été le premier Apôtre du Japon où il porta, dès l'an 1549, la foi chrétienne. Sa sainteté, son éloquence opérèrent tant de conversions, pendant les deux années qu'il passa parmi les Japonais, que les Bonzes crurent un moment que c'en était fait de leurs dieux et de leurs sectes. Le courageux apôtre en était tout ému, et il écrivait à Ignace de Loyola, son supérieur et son ami : « Je ne saurais finir, lorsque je parle des Japonais ; ils sont véritablement les délices de mon cœur. »

Après le départ de François-Xavier, les Pères de la Compagnie de JÉSUS continuèrent avec succès l'œuvre commencée sous de si heureux auspices et, sous la direction du P. Cosme de Torrez d'abord, du P. Balthazar ensuite, ils plantèrent la croix sur tous les points du Japon. Douze ou quinze seigneurs féodaux des grandes Iles avaient accepté le joug du Christ ; l'empereur lui-même, Nobunanga, favorisait l'extension de la religion nouvelle, et le peuple se portait en masse au devant des missionnaires pour recevoir le baptême. Mais le démon veillait.

Les Bonzes aigris fomentèrent des révoltes ; quelques princes timides suscitèrent des embarras. « Les secousses, les « orages, bien loin d'ébranler la foi, dit Béraut-Belcastel, ne « firent que donner à ses racines une consistance plus vigou- « reuse et plus salutaire. » Le sang chrétien avait commencé à couler sur la terre du Japon ; il devait en jaillir une semence de fidèles, généreux et vaillants.

Ce fut une pauvre femme, une humble esclave, qui fut choisie par Dieu, pour recevoir la première l'auréole du martyre, et ouvrir cette voie douloureuse et triomphante,

SAINT FRANÇOIS-XAVIER *parcourant les rues de Goa et rassemblant les enfants pour leur apprendre le catéchisme.*

dans laquelle devait s'engager après elle toute une phalange de héros intrépides que rien ne devait effrayer, *neque mors*, pas même la mort.

« Un chrétien n'a point peur de la mort, répondit tranquillement cette esclave à son maître qui lui défendait d'adorer la Croix. » L'idolâtre se précipite sur elle, le sabre à la main ; l'esclave se met à genoux, sans s'émouvoir, et sa tête tombe aux pieds du barbare.

LE PAPE GRÉGOIRE XIII.

Attaquée par l'enfer, l'œuvre du Christ prospérait avec un éclat admirable. Il y avait déjà au Japon en 1581, cent cinquante mille chrétiens et cinquante-neuf religieux de la Compagnie de JÉSUS, sans compter un grand nombre d'indigènes catéchistes. C'est alors que, sous l'instigation des missionnaires et au nom des rois du Bongo, d'Arima et d'Omura, des ambassadeurs, dont plusieurs étaient princes du sang royal, allèrent à Rome déposer aux pieds du Souverain Pontife leurs hommages respectueux et lui consacrer les prémices de leur conversion. Grégoire XIII, « pénétré d'une joie

« égale à son zèle, nous disent les historiens, ne connut d'au-« tre borne à l'accueil qu'il leur fit, que l'impossibilité d'en « faire davantage. » Il sanctionna de sa bénédiction souveraine les princes de la chrétienté naissante.

Ce fut un vrai triomphe que le passage des ambassadeurs Japonais à travers l'Italie, la France, l'Espagne et le Portugal ; l'Europe saluait d'un regard d'amour les nouveaux frères qui faisaient leur entrée dans la grande famille du Christ. C'est en mars 1585, qu'eut lieu la solennelle entrevue du Japon avec la Rome chrétienne. Les ambassadeurs ne rentrèrent chez eux qu'en 1590, huit ans après leur départ, l'année même que naissait Guillaume Courtet.

Pendant leur absence, la foi chrétienne n'avait fait que s'étendre au Japon. Un des premiers savants du pays, Dosan, prêtre de Bouddha, s'était converti, entraînant avec lui un grand nombre de Bonzes et d'idolâtres. Au milieu de la ville impériale et dans tous les royaumes du Japon s'élevaient des églises, se bâtissaient des écoles, des collèges, des séminaires qui portaient bien haut la croix du Sauveur et répandaient à flots les lumières de l'Évangile.

Sur ces entrefaites « Taxiba, homme d'une naissance obs-« cure, qui prit ensuite le nom de Taïco-Sama, subjugua par « les armes presque tous les rois ou princes et se rendit maî-« tre du Japon. Il était plein de haine pour la religion chré-« tienne ; mais habile à concerter ses mesures suivant les cir-« constances ; tantôt il feignait d'en ignorer les progrès, tan-« tôt il l'interdisait sous les peines les plus sévères, tantôt « il en permettait l'exercice aux nombreux Portugais [1]. » Jaloux des chrétiens, à cause de leur crédit et de leur intégrité, encore plus parce que la vertu de leurs femmes se refusait à pourvoir son sérail, blessé dans son orgueil, irrité dans sa passion, Taïco-Sama résolut d'exterminer jusqu'au nom chrétien ; mais le courage intrépide d'Ucondono, un des plus illustres seigneurs de la cour, qui préféra l'exil à l'a-

---

1. Bulle de Pie IX sur la canonisation des martyrs du Japon.

postasie, et la résistance des vassaux et des officiers de l'empire l'auraient fait revenir sur ses projets, si un incident étrange n'avait aggravé ses mauvaises dispositions.

Un galion espagnol, commandé par Dom Mathias de Landecho, venait de mouiller à Ourando, dans le royaume de Tosa ; ce navire portait des armes, des soldats et des prêtres-missionnaires. C'en était assez pour exciter la défiance et tenter la cupidité de Taïco-Sama. L'empereur conçut aussitôt le dessein de s'en emparer et, à cet effet, il envoya l'un de ses fonctionnaires, Maxita Yemondono, pour faire une enquête. Le commandant représente au ministre que ses nationaux ont la permission de trafiquer au Japon.

—Les Espagnols et les Portugais sont-ils gens de même nation? demanda Maxita. — Votre roi est donc bien puissant ?

— Mon roi n'a pas son égal en ce monde, répliqua Mathias, flatté dans son patriotisme. Son empire est si vaste que le soleil ne se couche jamais sur ses terres.

— Est-ce donc votre roi qui possède le Pérou, les Philippines et l'Inde Orientale ?

— Mais certainement.

Et l'imprudent Espagnol étale une carte de géographie et dirige les yeux de son interlocuteur sur tous les états obéissant à Sa Majesté très catholique.

— Le roi, mon maître, possède les grandes Indes, les îles qui s'étendent depuis l'Afrique jusqu'aux Philippines, les deux tiers de l'Amérique......

Il continuait toujours, mais déjà le fonctionnaire impérial, absorbé dans ses pensées, ne l'entendait plus. Tout à coup sortant de sa stupeur :

— Mais comment votre roi a-t-il conquis tous ces pays ?

— Rien de plus simple, répliqua le Castillan,qui croyait déjà le ministre vaincu par l'admiration. Le roi, mon maître, envoie d'abord des prêtres, puis des soldats.

C'en était fait ; les rodomontades de l'imprudent Espagnol allaient porter leurs fruits. Peu de temps après, Taïco-Sama, redevenu aussi violent qu'ombrageux, faisait saisir le navire et arrêter les missionnaires. Le signal de la persécution était donné; elle fut terrible et cruelle. Six religieux franciscains, trois jésuites arrêtés à Miako et dix-sept chrétiens, qui habitaient avec les Pères de St-François, furent condamnés à mort et subirent des supplices horribles. Ce furent les martyrs de 1597.

Ce martyre glorieux suscita des enthousiasmes si grands et des conversions telles, que Taïco-Sama craignit un moment de voir le Japon tout entier passer au christianisme; sa rage s'en accrut, et les victimes tombèrent innombrables. Le sang des martyrs ne servait qu'à féconder pour le ciel la terre qu'il arrosait.

L'année suivante, 1598,le persécuteur comparaissait devant son juge, après avoir prononcé cette parole qui aurait dû pénétrer son cœur et le convertir. « Il faut avouer qu'il y a quelque chose d'extraordinaire dans la constance et la charité des chrétiens. »

Après le décès de ce prince et pendant plusieurs années, les missionnaires parcoururent à nouveau la terre japonaise, fertilisée par la mort de tant de valeureux martyrs, et y consolidèrent la foi chrétienne.

Le pape Paul V, en l'an 1608, dans la bulle *Sedis apostolicæ providentia*, crut devoir, par des raisons de haute sagesse, déroger aux constitutions apostoliques de ses prédécesseurs, Grégoire XIII et Clément VIII, en date du 28 janvier 1585 et du 12 décembre 1608, qui interdisaient l'entrée des différents ordres religieux autres que la Compagnie de JÉSUS, dans la Chine et le Japon.

Dès lors les Dominicains, les Franciscains, les Augustins, suivant l'impulsion de leur cœur apostolique, arrivèrent en foule prêter le concours de leur zèle aux vaillants Jésuites qui continuaient si noblement l'œuvre de François-Xavier. Ce fut alors comme un épanouissement d'œuvres catholiques et d'efforts sublimes, dans ce vaste champ ouvert aux prêtres du Christ. De nouvelles églises furent bâties, et dans l'espace de trois ans, plus de quarante mille Japonais reçurent le baptême.

Bientôt les édits impériaux reparurent implacables. L'empereur Cubo-Sama qui jusque-là avait été, sinon favorable du moins indifférent aux progrès du christianisme, changea tout à coup d'attitude. Héritier de la haine et des préventions politiques de son père Taïco-Sama, il signa, dès l'an 1614, un édit de persécution non seulement contre les missionnaires, mais encore contre toutes les personnes qui leur donneraient asile. Les églises devaient être démolies, et les chrétiens, sous peine de mort, devaient abjurer. C'était pour toujours la proscription du christianisme dans toute l'étendue du Japon.

Ici la vérité nous fait un devoir de stigmatiser les réformés d'Europe, Anglais et Hollandais, qui dans un but de mercantilisme honteux et de basse politique, poussés peut-être par leur haine contre la religion catholique, ne rougissaient pas d'entraver dans l'empire du Japon les progrès de la civilisation chrétienne. Qu'on ne se hâte pas de crier à l'exagération; l'hérésie protestante qui mettait à feu et à sang l'Europe tout entière, ruinant les sociétés, abaissant les consciences, crut n'en avoir pas assez fait et, dans sa rage antichrétienne et anticivilisatrice, elle alla promener la torche incendiaire dans les nations d'outre-mer, qui soupiraient après la vraie liberté, la liberté des enfants de Dieu.

Ils persuadèrent à l'empereur que les Espagnols pouvaient bien avoir quelque dessein sur le Japon, et qu'il en serait bientôt de cet empire comme des Philippines. Cubo-Sama se fit l'exécuteur des lâches desseins des Hollandais, mais, disons-le à l'éternel honneur de la nation Japonaise, les défaillances furent rares et le très grand nombre, jusqu'au sexe faible et aux enfants, se montrèrent héroïques.

Cubo-Sama avait fait son œuvre et ajouté son nom à la liste inique des persécuteurs. *Chôgoun-Sama* (1) lui succéda et renouvela, dès 1616, les édits de persécution. Les Iles du Japon se teignirent encore de sang ; missionnaires et fidèles coururent à la mort comme à une fête, joyeux de donner leur vie pour la foi.

1. Il s'appelait avant de monter sur le trône Minamotono Fide Tada.

Il nous tarde trop de revoir la belle figure de notre héros pour nous étendre sur les splendeurs et les triomphes du christianisme pendant le règne du sanguinaire Chôgoun-Sama. Qu'il nous suffise de relater une des pages les plus belles de cette lamentable et glorieuse période qui se déroule de l'année 1620 à 1635.

Le 10 septembre 1622, cinquante-huit héros chrétiens furent exécutés sur une colline de Nangazaki, à cinq cents pas de celle où, le 5 février 1597, les 24 martyrs Japonais avaient été crucifiés. Pour la seule année de 1622, les mémoires ont compté plus de 120 martyrs, consumés par les flammes ou frappés par le glaive. Huit Pères Dominicains, quatre Jésuites, trois Franciscains, un Augustin et vingt frères de différents ordres lavèrent leur saint habit dans le sang de l'Agneau. C'est ainsi que furent rassemblés dans le sacrifice et le martyre les membres des quatre familles religieuses, qui combattaient pour le Christ sur la noble terre du Japon. Une mort commune leur ouvrit, à la même heure, les portes du Paradis. A Manille, on célébra des fêtes en leur honneur, surtout dans la province du Saint-Rosaire, qui avait fourni à la mort ou plutôt au ciel un grand nombre de ses religieux, entr' autres le P. François de Moralès, vicaire provincial de l'ordre et le P. Joseph de Saint-Iacinthe, ancien vicaire provincial.

Les décrets impériaux se multipliaient toujours. On alla jusqu'à défendre à tout Japonais, même renégat ou païen, de se rendre aux Philippines, de peur qu'il ne revînt accompagné de religieux déguisés. Non seulement les gouverneurs veillaient à l'exécution de ces lois, mais les Hollandais hérétiques servaient d'espions à Chôgoun-Sama et lui dénonçaient les rebelles. Traqués comme des bêtes fauves, les missionnaires n'en continuaient pas moins à risquer leur vie pour régénérer les âmes infidèles.

Ce fut surtout à partir de l'an 1632 que la prédication de l'Évangile fut entravée par les difficultés et les persécutions de tout genre.

To-Chôgoun-Sama venait de monter sur le trône et il ne le

cédait en rien à ses prédécesseurs en cruauté et en despotisme. « La lèpre dévorait son corps, et les vices de son âme n'étaient pas moins hideux que ses infirmités corporelles ([1]). » C'est à ce monstre qu'était réservé le triste honneur de détruire pour longtemps au Japon la religion chrétienne. Son prédécesseur avait immolé de nombreux fidèles; lui, s'attaquant aux sources vives, extermina les derniers missionnaires. Mais, avant que la croix ne tombât, beaucoup de héros devaient se relayer sur le champ de bataille, pour la prendre entre leurs mains, l'étreindre de leurs embrassements, l'arroser de leurs larmes et de leur sang, pour tomber ensuite avec elle. Le zèle des missionnaires croissait en proportion de l'énergie que mettaient à accomplir l'œuvre du démon le despote To-Chô-goun-Sama et ses idolâtres. Les Pères tombaient, d'autres se présentaient, épris de l'amour des âmes, jaloux de la gloire de Dieu.

La maison conventuelle de Manille sollicitait la grâce d'aller aborder ces côtes inhospitalières. Les édits impériaux avaient beau parler et menacer,les âmes des Japonais ne parlaient pas moins haut, et dût la mort s'en suivre, cruelle, horrible, pour la conquête de ces pauvres âmes,ils se levèrent tous, le P. Courtet en tête, pour obtenir le sublime honneur d'aller combattre et mourir pour le Christ.

1. Léon Pagès, *Histoire de la religion chrétienne*, p. 757.

Chapitre troisième.

Manille. — Préparatifs du départ. — Difficultés de la part du gouvernement. — Départ. — Tempête. — Arrivée à l'île de Liou-Kiou.

« To-Chôgoun-Sama. »

ARTICLE I. — « Aucun navire japonais, ni aucun indi-« vidu n'aura la faculté de sortir du Japon ni d'y rentrer, « sous peine de mort [1].

ART. II. — « Là où l'on saura que se propage la religion « chrétienne, les chôgouns et les cheïcos [2] feront une rigou-« reuse enquête.

ART. III. — « Seront retenus en prison tous les Espa-« gnols papistes et tous autres individus, souillés de ce titre « infâme, jusqu'à la conclusion de leur procès.

ART. IV. — « Il sera apporté une grande diligence à re-« chercher les papistes, ainsi qu'à découvrir tous les vaisseaux « étrangers. »

Cet édit impérial était en date du 7 septembre 1635 ; il arriva à la connaissance des religieux de la province du Saint-Rosaire, dans le courant du mois d'avril de l'année suivante. Les difficultés s'aggravaient donc, et des obstacles humainement insurmontables venaient s'opposer à l'expédition qui avait été projetée ; non seulement les ports du Japon étaient rigoureusement fermés, mais le vice-roi des Philippines et tous les gouverneurs des possessions portugaises avaient été avertis que, s'ils permettaient aux patrons des navires de leur nation d'embarquer quelque prêtre ou religieux, à destination du Japon, l'empereur leur déclarerait impitoyablement la guerre. Les ordres impériaux étaient explicites sur

1. *Hist. du Japon*, par Pagès, p. 812.
2. *Chogoun*, en langue japonaise, veut dire gouverneur — *cheïco*, juge.

ce point, et Sa Majesté très catholique, le roi Philippe IV, sinon effrayé, du moins très perplexe, envoyait à ses gouverneurs des recommandations très précises, leur enjoignant d'être prudents en ce qui concernait les relations de leurs provinces et de leurs nations avec l'empire japonais. D'autre part, les gens de mer, surveillés de près par les espions et les commerçants Hollandais qui trafiquaient, en toute liberté et avec grand profit, de la Chine au Japon, demandaient un prix exorbitant aux missionnaires pour courir l'aventure. C'était donc furtivement que les Pères dominicains devaient organiser leur départ, au risque d'être découverts et de payer de leur tête leur glorieuse désobéissance.

Le P. Provincial du Saint-Rosaire de Manille était en proie aux plus douloureuses anxiétés, partagé entre le désir d'accéder aux pieuses instances du P. Guillaume Courtet et la crainte que faisait naître en son cœur la perspective de dangers inévitables, peut-être même de la mort. « Dieu y pourvoira, ne cessait de répéter notre saint, Dieu y pourvoira; il vaut mieux obéir à Dieu qu'aux hommes ». Dieu y pourvut en effet.

Il était arrivé, vers la fin de l'année 1634, que des Espagnols séculiers, jetés par les vents sur les rivages des îles de Liou-Kiou, s'étaient vus aussitôt arrêtés et examinés rigoureusement par les magistrats impériaux, qui désiraient savoir s'ils n'étaient point des prêtres. Quand le gouverneur se fut assuré du contraire, il les remit en liberté. Mais le bruit de leur arrivée s'était répandu dans les pays circonvoisins. Malgré les édits de l'empereur, un grand nombre d'indigènes de la contrée accoururent secrètement vers eux, les priant, s'ils étaient prêtres, de vouloir bien les confesser. Les pauvres chrétiens leur exposèrent en larmes les besoins de l'Église japonaise, presque entièrement dépourvue de missionnaires, et les assurèrent que, si les religieux de Manille voulaient venir dans le Japon, ils leur en favoriseraient l'entrée, pourvu qu'ils fussent revêtus du costume séculier. De retour aux Philippines, ces Espagnols ébruitèrent l'aventure.

L'espoir d'un succès était trop éclatant pour qu'une mission fût différée davantage; d'après le récit des Espagnols, il parut aux Dominicains qu'un Japonais séculier, habile matelot et chrétien éprouvé, pourrait introduire par la voie de Liou-Kiou quelques-uns de leurs frères.

La Providence venait d'intervenir ; le P. Provincial se jeta résolument dans ses bras et, n'écoutant plus que sa conscience et son devoir, il communiqua au P. Courtet sa détermination. Le départ n'était plus qu'une question de jours ; il fallait prendre les précautions les plus urgentes et effectuer les derniers préparatifs en toute prudence et sagesse, pour que l'affaire ne s'ébruitât pas. Le P. Guillaume remercia Dieu du fond de son cœur et ne songea plus qu'à se préparer pour partir.

Nous avons eu déjà occasion de le dire, les religieux du Saint-Rosaire de Manille, qu'avait enflammés le martyre des derniers survivants de leur ordre au Japon, s'étaient offerts à l'envi à leur supérieur, pour réclamer la grâce d'être envoyés en mission. Le P. Provincial ne jugea pas à propos d'exposer, tout d'abord, tant de vies précieuses ; il choisit pour les adjoindre au P. Courtet deux religieux d'un grand mérite, car « c'est une coutume aussi louable et sainte que « généreuse de la province du Saint-Rosaire des Philip- « pines, qu'on choisît toujours, pour les missions de la Chine « et du Japon, les plus savants et les plus distingués de la « province, se souciant bien peu, dit l'historien espagnol « Aduarte, de se priver des secours et des services qu'on « pourrait en retirer dans la suite, pourvu qu'on procure la « conversion des infidèles et qu'on établisse solidement le « royaume de JÉSUS-CHRIST sur les ruines de l'idolâtrie et « de l'impiété » ([1]).

Avec le P. Courtet, premier lecteur en théologie, qui avait pris aux Philippines le nom de F. Thomas de Santo Domingo, furent désignés les Pères Antoine Gonçalèz ([2]), de la cité de

1. Jules Courtet, p. 32.

2. De la cité de Léon. Il y prit l'habit, et y fit profession. Il enseigna la théologie à Piedrahita, dans la même province. Il excellait dans la poésie, mais il se corrigea

Léon, en Espagne, second lecteur en théologie, Michel Ozarazza [1], également de nationalité espagnole, et Vincent de la Croix [2], Japonais d'origine, connu auparavant sous le nom de Chiwozzouca, élevé à Nangazaki, d'abord catéchiste, et ensuite ordonné prêtre en vue des missions du Japon. Le P. Antoine Gonçalèz fut établi vicaire supérieur.

Tels furent les quatre frères prêcheurs que le P. Alexandre de Rhodes appelle « les plus grands martyrs du Japon ». Un autre Japonais, natif de Meaco, et un métis chinois des Philippines, du bourg de Binondoc, nommé Lourenço Luiz, tous deux séculiers et chrétiens sûrs, demandèrent à faire partie de l'expédition ; leur demande fut agréée, à cause des services que leurs connaissances des côtes et des passages de l'Archipel pouvaient rendre à la pieuse escouade.

Alléché par l'offre d'une grande somme, un pilote consentit à recevoir dans sa jonque et à transporter nos religieux. Tout était prêt et le bâtiment, déjà frété en vue de l'expédi-

---

bientôt de cette exubérance, qui d'elle-même n'est point un péché, mais qui met souvent obstacle à la perfection. Il pratiquait de grandes mortifications, voyageant généralement à pieds nus à l'exemple du patriarche saint Dominique. Sa pensée constante et son vœu le plus fréquent étaient de mourir pour J.-C., et il l'obtint par l'intercession de saint Pierre, martyr, qu'il avait choisi pour son protecteur et son avocat aux fins de cette grâce. (Aduarte, t. I, l. II, chap. 61).

1. De Biscaye : il demeura pendant plusieurs années au couvent de Saint-Thomas, de Madrid. Il obtint la mission du Japon et fut chargé de conduire une expédition de missionnaires. Lui et ses compagnons avaient l'intention d'entrer dans la congrégation nouvelle, mais aux Philippines, voyant l'état des affaires, ils s'en éloignèrent et s'incorporèrent à la province. Le P. Ozarazza fut chargé pendant quelque temps d'administrer les Indiens, et il apprit leur langue, en même temps que la langue japonaise. (Aduarte, ibidem.)

2. Son nom japonais était Chivvozzouca. Il était fils d'anciens chrétiens, et le dernier né de sept frères. Ses parents l'avaient consacré à Dieu comme un autre Samuel, bien avant sa naissance. Il fut élevé dans le collège de la Compagnie à Nangazaki, et fut ensuite catéchiste des Pères. En 1614, il suivit à Manille les religieux exilés, et revint peu après au Japon, mais ainsi que la colombe sortie de l'arche, ne trouvant pas où poser le pied, il retourna aux Philippines. Le P. Collado se disposant à aller comme missionnaire au Japon, Vicente s'offrit à lui pour compagnon, mais une maladie l'empêcha de réaliser ce dessein. Il se consacra dès lors à enseigner le japonais aux religieux destinés pour sa patrie. Il fut jugé digne d'être ordonné prêtre et obtint enfin d'accompagner le P. Gonçalèz. Il était tertiaire de Saint-François, et avant le départ, il revêtit l'habit dominicain. Les augustins le revendiquent également. Nous avons vu souvent dans nos auteurs, ces affiliations successives d'un même individu à différents ordres. (Aduarte, ibidem.)

tion, n'attendait plus que le signal du départ. Malheureusement le gouverneur de Manille, que nous croyons être Dom Sebastiano Hurtado de Corcuera, a vent de ce qui se prépare; il fait réduire en cendres l'embarcation et arrêter le pilote, qui ne dut la vie qu'aux pressantes sollicitations faites en sa faveur; et, sur son ordre, des sentinelles sont établies dans les baies voisines. Il fallait trouver un autre moyen.

Nous ignorons comment on s'y prit. « Ce moyen est si « secret, dit naïvement le P. de Réchac de Sainte-Marie, « qu'il ne le faut pas dire, pour faire qu'il serve toujours à nos « Pères, jusqu'à ce que la persécution cesse. Si on le publiait « maintenant, quelque renégat ne manquerait pas d'en don« ner avis au gouverneur de Manille et au ministre du Japon « comme leur rage contre la foi a déjà fait en diverses ren« contres (1). »

Ce moyen secret du P. de Réchac fut révélé par le P. Courtet à ses juges. A l'insu du gouverneur et de ses émissaires, un bateau fut fourni par le Provincial, appareillé en toute hâte et confié à la direction d'un Père Dominicain probablement Japonais, ou indigène des Philippines. Quoi qu'il en soit, la divine Providence aplanit tous les obstacles : navire, pilote, matelots, tout finit par se trouver prêt; les gardes-côtes espagnols furent trompés, ou voulurent bien ne pas donner l'éveil, et le 10 juin 1636, nos religieux, revêtus d'habits séculiers, purent s'embarquer sur la jonque improvisée.

Avant de mettre à la voile, le P. Courtet avait écrit la lettre suivante au T. R. P. général de l'ordre, Nicolas Rodulphe; elle témoigne d'une grande confiance en Dieu. et d'une joie surnaturelle.

« La main de Dieu n'est pas encore raccourcie, puisque « aujourd'hui même et très secrètement, après avoir trouvé « une autre embarcation, nous partons avec joie pour le Ja« pon. Nous sommes quatre religieux de cette province, dont « le premier est le Recteur du Collège de St-Thomas, homme

1. Le P. de Rechac, *Vie des hommes illustres de l'Ordre des Frères Prêcheurs*. Chapitre X. Arrivée du P. Courtet, et sa prise au Japon.

« aussi recommandable par sa piété que par son instruction,
« et moi-même, qui vous écris ceci, quoique indigne, j'ai le
« même bonheur par une bonté spéciale de Dieu, avec deux
« autres prêtres et deux laïques. Donnez donc, vénérable Père,
« votre sainte bénédiction à vos fils ; nous prierons Dieu as-
« sidument pour la conservation de Votre Révérendissime
« Paternité, et je vous supplie pour qu'elle subvienne à la
« multitude de mes maux avec sa bonté paternelle et accou-
« tumée. »

A Manille, le jour même de notre départ, le 10 juin 1636.

F. Guillaume Courtet [1].

« Non tamen est abreviata manus Domini, siquidem hodie occultissime, præparato « alio navigio, Japoniam læti digredimur, quatuor religiosi hujus provinciæ ; de quo- « rum numero est hujus collegii Divi Thomæ Rector, homo plane doctissimus et re- « ligione non minor ; et ego ipse, qui hæc scribo, licet immeritus et indignus, sor- « tem quæ mihi venerat sola Domini bonitate complexus, una cum illo proficiscor et ex « sacerdotibus alii duo et duo laici. Emitte ergo, venerande Pater, his Filiis benedic- « tionem tuam sanctam ; nos enim assidue Dominum pro vestræ reverendissimæ « paternitatis salute, jure debito deprecabimur, et tantæ malorum meorum inunda- « tioni, solita paternaque benignitate subvenias obsecro.

« Datum Manillæ in ipso profectionis nostræ die 10 Junii 1636. — F. Guilhelmus « Courtet ».

Notre saint dut tressaillir, en posant le pied sur la frêle embarcation, et son âme s'épancher en accents de suaves émotions et de vive reconnaissance envers le Dieu qui exauçait enfin ses pieux désirs. Son regard humide adressa un dernier adieu à ses supérieurs et à ses chers écoliers, qu'il avait édifiés par sa vertu, formés par son savoir, et surtout chéris avec son cœur d'apôtre.

Parmi les religieux il s'en trouvait un dont il avait par ses conseils affermi la vocation chancelante et qu'il chérissait depuis avec plus de tendresse. Il se jeta par une impulsion spontanée aux genoux du saint missionnaire,

1. D'après les PP. Quetif et Echard, G. Courtet écrivit plusieurs lettres au général de l'Ordre, pour rendre compte de sa mission, et qui se trouvaient autrefois aux archives de l'Ordre : « Scripsit Manilla plures ad magistrum F. Nicolaum Rodulphi Romam « epistolas, quibus missionis suæ rationem reddit, in Archivo Ordinis servatas. » T. II, p. 495.)

baisa ses pieds sacrés qui allaient être meurtris à la recherche des âmes infidèles et, suffoqué par les larmes il demanda une dernière bénédiction. Le P. Courtet, levant les yeux au ciel, demanda à Dieu énergie et courage, puis les reportant sur son frère, il le bénit et embrassa en lui tous les religieux de Manille, et ses amis d'Europe, et son père, et sa mère chérie, qui priait toujours, là-bas, demandant pour elle la résignation, et pour son fils la gloire d'être un saint.

L'épreuve avait été forte, et le P. Courtet avait senti son être se rattacher un moment aux affections de la terre. Ce moment fut de courte durée ; bientôt réprimant les battements de son cœur, refoulant la vive émotion qui oppressait sa poitrine, il s'abandonna à la divine Providence, n'ayant plus de désirs que pour le martyre, plus de regards dans ses yeux que pour l'horizon qui lui cachait la terre où enfin il s'immolerait pour son Dieu.

Après s'être placé sous les auspices tutélaires de l'Étoile des Mers et de son serviteur Dominique, nos saints missionnaires firent le signe de la croix, et l'embarcation bénie s'élança sur les flots, décidée et joyeuse, courant vers l'inconnu. Cet inconnu était incertain, effrayant — qu'importait ? — Cet inconnu était déjà pour nos valeureux missionnaires la terre de leurs désirs............ le martyre !

Le départ de Manille s'était effectué par un temps favorable ; un vent doux gonflait les voiles, et la chétive embarcation glissait tranquillement sur les flots.

La baie de Luçon, au fond de laquelle se trouve assis le port de Manille, est un vaste bassin circulaire, bordé par une chaîne de montagnes couvertes de forêts, et ses eaux, abritées contre les vents du Nord, offrent aux navires un asile assuré. Notre jonque, si petite fût-elle, poursuivait donc noblement sa marche, mais la réaction devait s'opérer brusque et terrible.

A peine les pieux voyageurs furent-ils sortis de la baie de Manille que, saisie de flanc par un vent impétueux, à moitié submergée par les flots, la barque tourbillonna sur elle-même, comme une frêle coque de noix. Les matelots n'étaient point fort habiles, encore moins le pilote, pauvre frère Dominicain improvisé nautonnier. « Ils ne savaient guère leur métier, ne l'ayant jamais fait », nous dit l'historien Aduarte. Les coups de vent se succédaient avec violence, s'engouffrant dans les voiles, faisant craquer carène et mâture. Les vagues se

JAPON. — MÉDAILLON EN BRONZE DE 1596, RETROUVÉ AU JAPON ; *d'après une photographie.*

mêlaient, s'entrecroisaient, s'élevaient à des hauteurs prodigieuses, pour de là se précipiter sur la jonque et jeter dans l'effroi les pauvres navigateurs. Le pilote faisait appel à toutes les énergies de son corps et, debout à la barre, luttait de sang-froid et de vigueur avec l'inclémence et la furie de la tempête.

Ses compagnons effrayés, mais confiants, s'en remettaient à la protection d'en haut et attendaient l'issue de la lutte ; elle fut longue à venir. De la mer de la Chine à la mer de Mindourou, où se trouvaient engagés les missionnaires, les courants sont terribles et d'autant plus à craindre, que les récifs, les écueils, les îlots à fleur de vague, qui hérissent ces parages redoutés, menaçaient à tout moment de briser l'embarcation.

Pour ajouter aux risques et à l'effroi de nos passagers, le ciel se fondit en eau ; une grande pluie, qui dura de longues heures, se déchaîna sur leur tête, et se mêlant aux vagues de la mer qui moutonnait toujours, rageuse et agitée, les aveugla au point de leur rendre toute marche impossible.

Cette réaction cependant était le salut ; et bientôt le ciel se rasséréna, envoyant aux malheureux voyageurs son azur et son soleil. Poussés par un vent contraire, trempés par les eaux de la mer et du ciel, il leur fallut relâcher dans l'île de Macinglo et attendre un temps favorable.

Plusieurs jours se passèrent à réparer leur pauvre jonque avariée et, lorsqu'ils eurent le vent propice, les pieux navigateurs reprirent leur route, sans boussole, sans indications précises, allant un peu à l'aventure, mais se confiant à la bonne Vierge qui, du haut du ciel, veillait sur eux. Le trajet fut long. Les passages, en ces régions de l'Océan que l'on a bien voulu appeler Pacifique, sont parfois dangereux ; d'autre part, les trafiquants hollandais parcouraient, en tous sens, ces parages du Japon, et non moins à redouter qu'eux, les corsaires de Mindanao, barbares de la pire espèce, infestaient tout l'Archipel, pillant et tuant.

Après mille périls qui les avaient suspendus entre la vie et la mort, mille contretemps qui les avaient forcés d'atterrir d'ici, de là, nos missionnaires entrevirent à l'horizon les terres Japonaises.

Un cri de joie s'échappa au même instant de toutes les poitrines ; les yeux se mouillèrent de larmes, et se jetant à genoux, les mains tendues, les regards fixés vers ce Japon tant désiré, qui devait être pour lui, et pour ses compagnons, la terre du salut et de la gloire, le P. Courtet fit jaillir de son cœur une prière reconnaissante.

Il priait toujours, et déjà l'embarcation mouillait dans les eaux d'un petit golfe. On arrivait à l'île de Liou-Kiou. C'était le 10 juillet, trente jours après le départ de Manille.

S'arrachant à ses prières, joyeux et souriant, le P. Courtet mit pied à terre et, tombant à genoux, comme François-Xavier, il baisa pieusement et longuement ce sol béni.

Chapitre quatrième.

Mission de Riou-Kiou. — Affermissement des chrétiens dans la foi. — Conversions. — Les bonghios. — Arrestation des Pères.

RIEOU-KIEOU, Lou-Tchou, ou Riou-Kiou est un archipel de l'Océan Pacifique, entre le Japon et Formose ; il est composé de quarante-quatre îles réparties en cinq groupes, et se développe du N. E. au S. O. sur une longueur de 1100 kil. Sa population comprenait environ 400,000 habitants. C'est à la principale des îles de Lou-tchou, à la grande Lieou, que vint atterrir la jonque de Manille.

Dès que les quatre Dominicains et les deux séculiers eurent débarqué, le pilote se hâta de virer de bord et de gagner la haute mer, pour que les insulaires ne découvrissent pas par quel moyen les religieux avaient effectué leur traversée ; il retourna aussitôt à Manille où il annonça l'heureux débarquement des Pères.

Le premier soin de nos vaillants religieux fut de consacrer à Dieu la mission qu'ils allaient bientôt commencer. Oubliant leurs fatigues, leurs insomnies et les souffrances de leur pénible voyage, ils cherchèrent le repos en Dieu seul ; leur premier acte fut une prière fervente où les accents de la joie se mêlèrent aux supplications de l'amour.

Sous le feuillage touffu, un autel fut improvisé; la croix se dressa radieuse entre le ciel et la terre, étendant ses bras protecteurs sur cette île, qui dormait à l'ombre de la mort. Le sacrifice commença; les chants s'élevèrent, empreints de grandeur auguste et de solennité, et bientôt le sang de l'Agneau coula régénérateur et consolant sur la terre infidèle.

Combien dut être beau, ce spectacle ! Tout autour, la solitude régnait, calme et majestueuse; seuls, le bruit des vagues, qui venaient battre le rocher, le chant des oiseaux, le bruissement du feuillage venaient interrompre le silence imposant du désert ; et là, à genoux au pied d'un tertre que surmontait le crucifix, anéantis dans l'extase de leur colloque avec Dieu, les yeux amoureusement fixés sur l'hostie qui brillait blanche et radieuse, aux rayons du soleil, les saints religieux priaient, non pour eux (ils s'oubliaient devant le Dieu qui avait donné sa vie aux hommes), mais pour les âmes, chères au Christ, qui attendaient le salut.

DEUX INSULAIRES DE LIOU-KIOU.

Oui, ce dut être un spectacle magnifique,et les anges durent descendre du ciel, pour faire escorte à leur Dieu et joindre leurs accents, leurs cantiques du Paradis aux chants et aux prières de la terre. Si ce spectacle fut grandiose, il fut surtout consolant ; et nos religieux, réconfortés par la prière, portant dans leur cœur le pain des forts, se relevèrent joyeux, prêts à lutter, à souffrir et à mourir pour celui qui avait dit à ses apôtres : « *Confidite, ego vici mundum.* » — « Ayez confiance, j'ai vaincu le monde. » — « Oui, confiance ! s'écria le P. Courtet, si Dieu est avec nous, qui sera contre nous ? »

Les Pères songèrent alors à cacher leurs ornements et les objets sacrés du culte, pour ne pas donner l'éveil aux idolâtres qui ne tarderaient pas à passer en ce lieu. Une infractuosité de rocher reçut les saintes reliques, et les quatre religieux, suivis de leurs pieux catéchistes, tous revêtus d'habits séculiers, s'enfoncèrent dans l'intérieur de l'île.

La Providence, sans doute, voulut que les premiers indigènes qu'ils rencontrèrent, fussent des chrétiens. C'étaient de pauvres gens, famille Japonaise, cultivant un champ de riz ; un tout petit enfant se trouvait près d'eux, prenant ses ébats dans les hautes rizières. Tout à coup, poussant un cri, et frappant l'une contre l'autre ses petites mains :

Fava, are are, s'écria-t-il.

« Mère, voici, voici » ; et ses regards souriants restaient fixés sur le même point.

Les parents suivirent le regard de l'enfant,et à peine eurent-ils aperçu les étrangers qu'ils abandonnèrent leurs occupations; reconnaissant alors des Européens, ils murmurèrent des mots inintelligibles, réprimant sur leurs lèvres mille paroles, mille questions qui se pressaient en eux ; puis ils les regardèrent. L'air de bonté qui se reflétait sur la physionomie des étrangers, les rendit confiants et libres; la crainte qui tout d'abord les avait saisis, disparut, et spontanément, obéissant à un sentiment de leur cœur, ils leur prirent les mains, et les baisant :

« *Bonzouis !* » s'écrièrent-ils, « *Bonzouis Yesos-Sama !* »

Et leurs yeux fixaient les étrangers, attendant une réponse, qui les rassurât ; elle ne se fit pas attendre.

« *Bonzouis,* » répondirent les missionnaires, « *Bonzouis Yesos-Sama.* »

« Prêtres, prêtres de JÉSUS-CHRIST. »

Il y eut alors du délire dans la joie de ces pauvres chrétiens — ils pleuraient — ils chantaient — pressant dequestions naïves les quatre religieux qui se prêtaient avec une touchante bonté à tous ces pieux épanchements. — De son côté, le petit enfant souriait à sa mère, bégayant les deux mots qui étaient toute sa prière : « Jesu — Maria ! » et son sourire angélique demandait une bénédiction. Le P. Guillaume la lui donna avec bonheur, remerciant Dieu, au fond de son âme, de ce que leur mission à Lieou-Kieou commençait sous de si heureux auspices.

Après ce premier élan donné aux joies du cœur, l'entretien devint sérieux et grave. Les missionnaires interrogèrent les deux Japonais sur la situation de l'île, sur l'état actuel de la religion ; ils apprirent d'eux que déjà, depuis de longues années, aucun prêtre n'avait abordé dans leur pays, que les édits impériaux arrivaient nombreux du Nipon, plus violents que jamais. Les Chôgouns de Lieou-Kieou apportaient dans l'exécution des décrets de To-Chôgoun-Sama une ponctualité, un soin que la rage rendait scrupuleux, punissant avec la dernière rigueur les malheureux chrétiens assez imprudents, ou du moins assez courageux pour manifester leur foi. Les bonzes de la secte Foctoune parcouraient l'île en tous sens, cherchant à étouffer jusqu'au souvenir de la religion chrétienne.

INDIGÈNES DE L'ILE DE LOU-TCHOU.

Toutes ces nouvelles et beaucoup d'autres aussi douloureuses attristèrent les Pères missionnaires ; chacun de ces détails était une blessure pour leur cœur, et des soupirs étouffés oppressaient leurs poitrines. — « Pères, ne soyez pas tristes, Dieu est bon, et nous l'aimons toujours ». Et c'était alors un nouveau récit, consolant celui-là et tout empreigné de naïveté douce et pieuse. — Les chrétiens étaient restés fidèles, fermes dans leurs croyances ; quelques-uns même dont un plus instruit et plus zélé, Antonio ancien Cambo de l'église des Pères à Kicou ([1]), se faisaient catéchistes, en l'absence des Bonzouis du Christ, échappaient à toutes les recherches des Bonghios impériaux et parvenaient à gagner des adeptes à la religion de Yesos-Sama. « Pères, ayez confiance, les Chogouns sont bien méchants, mais Dieu est avec nous et il nous aime, puisqu'il vous a envoyés. »

L'entretien se prolongea longtemps encore, rempli de détails qui faisaient passer les Pères Dominicains par toutes les phases de la douleur et de la joie, mais n'altéraient en rien la ferme confiance qu'ils portaient dans leur cœur. Ils bénirent Dieu de la protection qu'il avait accordée à ces chères âmes, et pleins d'espoir, ils se mirent à l'œuvre résolument, mais avec prudence, pour ne pas compromettre une mission qui s'annonçait riche d'espérance et de consolation.

Avertis en secret de l'arrivée des Pères, des chrétiens accouraient, tantôt séparément, tantôt par petits groupes, se confessaient, recevaient la communion et harcelaient les bons missionnaires de leurs questions et de leurs instances : « Encore, encore, leur disaient-ils, parlez-nous du ciel et de Marie. » Et les Pères, édifiés de cet empressement, de cette piété naïve, se prêtaient sans relâche à toutes leurs supplications, et les heures et les jours se succédaient rapidement, sans laisser ni trêve ni repos à nos intrépides religieux.

Le P. Courtet, lui, sentait son âme se dilater, s'épanouir d'aise à la vue de ces pauvres sauvages que la grâce de Dieu rendait si vaillants. Beaucoup d'entre eux avaient reçu le baptême, il y avait bon nombre d'années déjà, et l'émotion lui arrachait des sanglots, lorsqu'il les entendait lui dire : « Mon « Père, est-ce possible d'offenser le bon Dieu, quand on est « son enfant, quand on a été racheté par son Fils JÉSUS, quand « on a été purifié par le baptême. » Ces âmes de sauvages

1. Sacristain.

avaient gardé immaculée leur innocence baptismale et rien ne les ébranlait, ni la souffrance, ni la mort : ils restaient purs, et le P. Courtet, tout en bénissant le Dieu qui opérait de si grandes merveilles, ne pouvait s'empêcher de rapporter son souvenir sur les chrétiens d'Europe, sur ses compatriotes, nés en plein christianisme, comblés des faveurs célestes, inondés des lumières divines, et que la voix de la religion et de ses ministres trouve tièdes et lâches au service de Dieu. Il comparait et gémissait.

Cependant la nouvelle mission portait des fruits et prospérait à vue d'œil. La jeune chrétienté de Lou-tchou renaissait à la vie et voyait reparaître les beaux jours d'autrefois, jours de gloire et de splendeur ; — les conversions devenaient de plus en plus nombreuses.

Le champ était vaste. On ne voyait partout que des ruines partout les persécutions avaient laissé des traces de leur passage à travers l'île de Lou-tchou ; les églises, autrefois si belles et si fréquentées, gisaient à terre ; plus de croix, plus de sacrements, plus d'instructions, depuis déjà de longues années, et les sectes idolâtres regagnaient peu à peu le terrain qu'avaient si péniblement conquis, et de leurs sueurs, et de leurs prières, et de leur sang tant de vaillants et pieux missionnaires.

Il fallait relever ces ruines et reconquérir au Christ, cette terre rachetée par la mort des siens. Nos bons Pères ne reculaient devant aucune difficulté; toujours prudemment, mais avec une volonté indomptable, ils se livraient, corps et âme, avec un zèle tout apostolique à leur noble entreprise, ne comptant pas avec la fatigue, ne calculant pas avec les dangers, parce qu'ils savaient que dans le service de Dieu tout calcul est lâche et criminel.

Guidés par des chrétiens éprouvés et sûrs, ils parcouraient l'île dans tous les sens. Le mot d'ordre était donné à tous les fidèles et les rendez-vous nocturnes les réunissaient dans une maison amie, le plus souvent à l'intérieur du désert ou au fond d'une grotte obscure. Là de nombreux insulaires touchés de la grâce venaient se jeter aux pieds des ministres de Dieu et leur demander le baptême. Les bons se raffermissaient, les tièdes se retrempaient, tous faisaient provision d'énergie et de foi pour les luttes à venir.

Pendant trente ans, depuis le jour où les pieux missionnaires étaient venus planter la croix du Sauveur sur la terre et dans le cœur des indigènes de Lou-tchou,les annales de la jeune chrétienté s'étaient empourprées du sang de vaillants chrétiens. Ces nobles pages, portées sur les ailes de la tradition, étaient rappelées souvent dans les réunions intimes, et les Japonais en faisaient le récit à leurs jeunes enfants, pour tremper leurs cœurs au contact de ces héroïsmes surhumains. Chaque édit, chaque décret impérial s'était heurté impuissant à des courages, à des énergies que notre mollesse européenne ne comprend pas et ne saurait comprendre, parce que chez nous la civilisation a fait progresser la matière et l'intérêt,aux dépens de la charité et de l'esprit.

« Mon enfant, ne craignez-vous point la mort, disait une « mère à son jeune fils qui était là,tout près d'elle sur un gibet, « mon enfant, ne craignez-vous point la mort? Vous en voilà « bien proche. »

Et par une passion inouïe du martyre, l'amour maternel mettait dans la voix de cette femme, rêvant pour son fils le paradis, un accent surhumain :

« Non, répondit-il, je ne « la crains pas, je veux mourir avec petite mère. »

Du haut de sa croix, les yeux fixés vers le ciel, le cher ange écoutait toujours la voix de sa mère qui lui criait : « Mon fils, nous allons au ciel ; ayez bon courage. Invoquez « JÉSUS, Marie », et tous deux répétaient de concert : « JÉSUS ! Marie ! »

Le bourreau approchant sa lance du côté de l'enfant, elle lui cria plus fort :

« Antonio, mon fils, courage ! Dites : JÉSUS ! Marie ! »

« Oui, petite mère : JÉSUS ! Marie ! »

Il fut percé de part en part. De ce même fer, tout chaud

encore du sang de son fils, la mère fut frappée, et la même auréole ceignit au paradis la mère et l'enfant.

Les chrétiens de Lou-tchou se retrempaient avec enthousiasme au récit de ces faits héroïques et ils souriaient à la mort, parce que la mort pour eux c'était le martyre avec le paradis. De leur côté, les Pères Dominicains réconfortaient leur courage et leur montraient le ciel, en leur prêchant la vertu.

Il fallait se hâter, déjà de sinistres bruits commençaient à se répandre ; on avait vu rôder, se concerter et disparaître des gens à figures mauvaises qui semblaient épier les allées et venues des Européens. L'horizon se couvrait; les nuages montaient gros, menaçants, prêts à couvrir le beau ciel qui brillait sur la jeune et belle église de Lou-tchou. Par une sorte de prévision intime des malheurs qui allaient fondre sur leur chrétienté, les Pères redoublèrent d'efforts pour arracher au démon ces chers disciples de la foi.

Le P. Courtet, tout en se refermant dans les limites de la plus stricte prudence, pour ne pas compromettre ses bien-aimés enfants, faisait appel à ce qui restait en lui d'énergie physique et morale ; il se multipliait tout à tous, comme un digne apôtre du Christ, jetant sa voix et son cœur à tous les échos, à toutes les infortunes de ces malheureux chrétiens.

Bien souvent, il est vrai, il dût sentir s'abattre sur lui de tout leur poids les fatigues du saint ministère, mais il trouvait délassement et repos à converser avec les insulaires, au caractère si loyal,à la nature si franche et si primesautière, et ces entretiens, ces colloques où les questions naïves de ces sauvages, enfants terribles parfois, mais toujours jeunes par le cœur et par l'esprit, faisaient place aux réflexions enfantines, souvent même originales et mutines, égayaient le bon P. Courtet, remuaient ce qu'il y avait en lui de fibres méridionales et le faisaient rire parfois jusqu'aux larmes ; et il trouvait toujours occasion de jeter, au milieu de ces voix insoucieuses et gaies, la note sérieuse et grave, dite avec le doux accent de Père et de Saint.

Ainsi se passaient les journées de nos missionnaires, à faire le bien et à semer les paroles de la vie éternelle. Le temps approchait où l'épreuve devait faire germer pour la douleur et le martyre sa divine semence.

Les espions avaient redoublé de vigilance et d'habileté. Un jour, à la tombée de la nuit, les missionnaires, fatigués de leurs pieuses pérégrinations à travers les champs de Lieou, étaient rentrés chez eux. Pour se délasser des pénibles travaux de la journée, ils récitaient en commun le saint bréviaire; tout à coup, un insulaire fait irruption dans leur humble casemate : c'était Antonio, leur cambo et catéchiste : « Pères, Pères, partez ! les bonghios sont là. »

Au même instant, des clameurs étranges retentissaient à leurs oreilles.

« Les Nanbans ! Les Nanbans ! Où sont-ils [1] ? »

Les Pères sortent sur le seuil de leur retraite et voient une foule de chrétiens aux prises avec une escouade de satellites impériaux, qui frappaient de gauche et de droite avec leurs sabres et leurs piques.

« Les Nanbans ! Les Nanbans! » ; rugissaient-ils toujours et les chrétiens résistaient pour donner aux Pères le temps de s'enfuir.

« Arrêtez! Arrêtez! c'est nous qui sommes les Nanbans ! » s'écrièrent les missionnaires, et ils se précipitent au devant des Bonghios.

Alors les chrétiens, affolés de douleur, voulurent leur faire un rempart de leurs corps.

« Mes enfants, éloignez-vous, leur dit le P. Courtet, ne résis-
« tez pas davantage et ne pleurez pas sur nous. Vous ne serez
« pas orphelins. Dieu veillera sur vos âmes. »

Les pauvres chrétiens obéissent en sanglotant et les Pères Dominicains, résignés, souriants, escortés de ces généreux fidèles qu'ils avaient conquis à la foi, se laissèrent garrotter et entraîner par les Bonghios du Chôgoun.

---

1. Prêtres.

Chapitre cinquième.

La vocation du Martyre. — Prison de Lou-Tchou. — Premier interrogatoire. — Départ pour Nangazaki.

CE fut dans les premiers jours du mois de septembre que les missionnaires se virent saisis, sur l'ordre du Taïcoum de Lou-Tchou, et entraînés par les Bonghios ; leur mission avait donc duré à peine deux mois.

Ici une réflexion se présentera à l'esprit du lecteur. Pourquoi, se dira-t-il, et en vertu de quel mystérieux secret Dieu en agit-il ainsi vis-à-vis de ses saints et de ses apôtres ? — Au moment où, selon toutes les prévisions humaines, leurs efforts seraient si fructueux, où leur dévouement serait couronné de succès, où l'esprit et le cœur, en pleine possession de leurs forces, pourraient opérer tant de merveilles, en ce même moment la mort, impénétrable messagère des ordres de Dieu, arrive, passe sa faulx sur la grande œuvre qui s'annonçait si belle, tranchant du même coup et les fleurs et les fruits, amoncelant des ruines, détruisant tant d'espérances !

La mission de Lou-Tchou, commencée sous de si beaux augures, allait devenir prospère, fécondée par les sueurs et le zèle du P. Guillaume et de ses pieux compagnons. La chrétienté nouvelle allait reprendre sa place dans les rangs de la grande famille catholique. Encore quelque temps et l'œuvre d'apostolat et d'évangélisation était accomplie. Dieu ne lui en donne pas le temps. Pourquoi ?

Toute une vie d'aspirations saintes et d'ambitions divines, tant d'années consacrées à l'acquisition des grandes vertus qui font les apôtres et les missionnaires, tant d'efforts généreux et de luttes enthousiastes pour vaincre les difficultés de tout genre, obstacles, contre-temps, résistances, embûches, en vue de la conversion des âmes ; et tout cela, pour aboutir à une mission de quelques jours, et se terminer brusquement par le martyre. Pourquoi ?

A ce pourquoi, que se pose l'esprit humain, les réponses ne manquent pas. Les yeux de la foi, éclairés au foyer de cette lumière divine qui illumine le monde des cieux et le monde des âmes, voient plus haut que les yeux de la chair ; ils ne s'arrêtent pas aux choses de la terre, ils pénètrent les choses du ciel ; ils ne s'arrêtent pas dans le temps, ils scrutent les profondeurs de l'éternité.

L'œuvre du Christ ne s'établit pas comme les œuvres à nous, vulgaires et mesquines, bornées dans leurs moyens comme dans leurs horizons et là où l'homme n'emploie que des ressources précaires et étroites, le Christ arrive avec les sublimes inventions, les divines extravagances et les saintes folies de son amour.

L'Église n'a vraiment pris racine dans le monde que le jour où, du gibet de la croix, le sang a coulé abondant et régénérateur; et c'est moins par l'apostolat des douze pêcheurs de Galilée que par leurs sanglants supplices, moins par les pieuses industries et les vertus de ses saints que par la pénitence de ses anachorètes, moins par la science de ses Pères que par la souffrance de ses religieux, moins par l'éloquence de ses docteurs et les affirmations de ses conciles que par les immolations de ses martyrs, que l'Église s'est maintenue et se maintient dans le monde, inébranlable et fière, portant à son front la double auréole de la jeunesse et de l'immortalité.

Dans la grande œuvre, qui depuis dix-neuf siècles s'accomplit devant les yeux d'un monde étonné, la faiblesse obtient plus que la force, la souffrance et le sang plus que l'intelligence et le savoir. C'est l'homme qui plante, et c'est Dieu qui amène à maturité (1).

Voilà pourquoi tant de saints, et notre héros en particulier, qui paraissent n'avoir vécu qu'une vie incomplète, ont en réalité contribué si puissamment à la réalisation du plan divin

1. Apollo rigavit, Deus autem incrementum dedit. S. Paul.

dans le monde. Par leurs souffrances, leurs immolations de tous les jours et l'effusion de leur sang, ils ont obtenu ce que leur science et leur doctrine n'auraient jamais pu faire. *Verba volant, exempla trahunt.* C'est une vérité qui restera éternellement incontestable et, s'il est vrai qu'aux premiers siècles de l'Église les martyrs, succombant aux arènes, ont été les premiers prédicateurs de l'Évangile, les vrais porte-Christ dans le monde, et que leur sang, selon la parole toujours si belle de Tertullien, a été une semence de chrétiens, il n'est pas moins vrai de dire que les apôtres, les missionnaires de notre Église catholique n'ont réellement engendré des chrétiens que lorsqu'il leur a été donné de monter sur un gibet comme leur maître, ou de descendre dans les arènes, comme leurs pères dans la foi, pour y souffrir, y mourir et s'offrir à Dieu en holocaustes et victimes.

Ne nous étonnons pas que tant de missionnaires aient arrosé de leur sang la terre du Japon ; les progrès du christianisme étaient en rapport avec leurs souffrances, et de leur sang généreux sortait un parfum qui entraînait les chrétiens sous les étendards du Christ. « Ces pauvres âmes en croyaient « à des témoins qui se laissaient égorger ». [1]

Ne nous étonnons donc pas que le P. Courtet ait été arraché à sa chère mission de Licou-Kieou, pour être livré aux souffrances et à la mort. Sur ce théâtre où nous allons le voir souffrir et sourire à la souffrance, mourir et sourire à la mort, comme d'une chaire sublime, ornée de ses vertus, empourprée de son sang, il va subjuguer et gagner au Christ plus d'âmes qu'il n'en aurait conquises par l'éloquence de ses paroles et les épanchements de sa bonté. Ses immolations tiendront lieu de discours ; son sang parlera pour lui et deviendra, à son tour, une semence de bons et généreux chrétiens.

Ces considérations étaient nécessaires pour dissiper les préjugés, dont l'esprit humain se laisse si facilement envahir,

1. *Pensées de Pascal.*

et pour faire resplendir sous son vrai jour la belle et grande figure de notre héros.

Parmi les saints, d'aucuns ont la vocation de la science, d'autres la vocation de l'apostolat ; le P. Courtet, lui, eut la vocation de l'immolation et du martyre, ou plutôt il les eut toutes trois dans leur plénitude et leur rayonnement, digne d'être donné en spectacle aux anges et aux hommes par la réalisation, en sa personne, des trois caractères du divin modèle : *vérité, charité et victime.*

Il fut un savant, et les quelques pages que nous avons consacrées aux étapes de sa vie professorale, nous l'ont démontré.

Il fut un apôtre, et son cœur dans l'évangélisation des âmes, à toutes les époques de sa vie et surtout dans sa mission de Lou-tchou, nous a révélé des richesses qui ne le cèdent en rien aux trésors de son esprit.

Il lui restait de gravir, à la suite du Christ, la montagne sainte du sacrifice pour illuminer et confirmer de son sang et de sa mort la vérité et la charité qu'il avait communiquées aux hommes et par ses lèvres et par son cœur.

Le P. Courtet va parcourir la dernière et grande étape de sa vie, et sur son front désormais resplendira l'auréole de victime et de martyr.

Accompagnés des larmes de leurs chers néophytes et des huées de la troupe idolâtre, le P. Guillaume et ses généreux compagnons, entourés des Bonghios qui insultaient à leur vertu et ricanaient de leur pieuse résignation, après mille fatigues, arrivèrent à la prison impériale qui s'élevait au milieu de la ville de Licou-Kieou [1].

Aussitôt jetés dans un cachot étroit, gardés avec la rigueur la plus excessive, comme des criminels de la pire espèce, ils eurent

1. Quelques auteurs appellent cette ville où le P. Guillaume et ses compagnons furent incarcérés Lekios ou Lesquios. « On les arrêta avec beaucoup de violence, dit « le P. Lafon, ils furent conduits dans les prisons de Lekios où ils demeurèrent un « an entier, exposés à toutes les cruautés et les mauvais traitements, dont sont ca- « pables des barbares qui n'ont aucune religion. »

à subir les humiliations les plus honteuses et les plus dégradantes. La porte du cachot s'était refermée lourde et triste, interceptant toute communication avec le dehors, étouffant les cris

INDIGÈNES DE LA VILLE DE LIOU-KIOU.

et les gémissements des chrétiens fidèles qui avaient voulu suivre jusqu'au bout leurs bien-aimés *Bonzouis ;* et seule, l'obscurité fétide d'un cachot restait aux prisonniers avec le triste cortège des privations, des souffrances et des langueurs.

La première pensée du P. Courtet fut de baiser amoureusement le sol infect de cette prison qu'avaient sanctifiée les larmes et les prières de tant de martyrs. Pas un seul instant de découragement n'eut accès dans son âme ; ses lèvres conservèrent le même sourire, son cœur les mêmes transports, et tous les sentiments qui se pressaient en lui, débordèrent en une prière suave, toute faite de reconnaissance et de résignation.

« Merci, mon Dieu : que votre volonté soit faite ! »

Et alors de douces visions venaient réjouir ses yeux et faire tressaillir tout ce qu'il y avait en lui d'enthousiasme et d'amour : déjà les fouets le déchiraient ; déjà les coups labouraient son corps ; déjà les tortures de l'agonie épuisaient sa vie, et tout en haut, éblouissante de lumière, la palme du martyre et le paradis !

L'âme de notre saint se retrempait avec délices, se baignait avec une ivresse surhumaine dans ces échappées suaves, ces visions sublimes qui lui ouvraient l'horizon du sacrifice.

Il était encore sous la douce émotion de cette extase, lorsque les Bonghios apparurent et lui intimèrent l'ordre de comparaître devant les tribunaux de Satsouma, dont le prince était suzerain de Lieou-Kieou.

Le P. Courtet et ses compagnons se présentèrent joyeux et fiers devant le Taïcoum impérial, et ce fut d'une voix ferme, qu'ils répondirent à l'idolâtre :

« Nous sommes prêtres du Christ, et c'est pour nous un « bonheur, une fête de souffrir pour son nom. »

Les questions insidieuses se pressèrent dans la bouche du juge, puis les menaces, puis les caresses furent employées. Mais en vain : les disciples du Christ opposèrent à toutes les insistances du Taïcoum ce cri de leur conscience :

« *Non possumus.* — Nous ne pouvons pas ».

Le P. Guillaume revint en prison avec ses frères, tous joyeux d'avoir confessé leur maître, et ce fut, dès lors, de la part des Bonghios un raffinement de tortures et d'infamies indescriptibles. Toutes ces humiliations ne faisaient qu'enflammer la pieuse ardeur de notre saint compatriote ; il se consolait avec ses compagnons, s'entretenant avec eux des choses de Dieu et de l'Éternité. Seuls, les deux séculiers sentaient parfois s'amollir leur courage, et l'angoisse étreindre leur cœur. Le P. Courtet trouvait, pour les réconforter, des paroles pleines d'édification : « Courage, courage, leur « disait-il, le ciel est au bout. »

Les ordres avaient été rigoureux, et les Bonghios mettaient à les exécuter une ponctualité servile et cruelle. Que de fois la faim tortura les malheureux prisonniers ! C'est à peine si on leur donnait une nourriture suffisante pour les empêcher de mourir. Aux tourments de la faim s'ajoutait une infection horrible qui remplissait sans cesse leur cachot et les faisait passer par toutes les transes de la douleur. Ils supportaient tout avec une angélique résignation, et si un regret venait visiter leurs âmes, c'était de ne pouvoir plus, au fond de leur solitude, puiser dans la célébration du St-Sacrifice consolation et réconfort ; ils y suppléaient par un redoublement de prières, et, sur l'autel de leur cœur, ils offraient tous les jours à Dieu le sacrifice de leur vie.

De longs jours, de longs mois se passèrent dans ces sombres prisons. Le prince de Satsouma, gouverneur de Lieou-Kieou, avait écrit à la cour de Yeddo, pour que l'on prononçât sur le sort de ces criminels.

Les communications étaient difficiles, lentes. Ce ne fut que longtemps après, dans les premiers jours de septembre 1637, qu'un émissaire arriva à Lieou-Kieou, apportant les ordres de son maître. To-Chogôun-Sama mandait à son tribunal, dans la ville de Nangazaki, les quatre Pères Dominicains et leurs deux catéchistes, pour qu'ils subissent les peines de leur témérité et de leur désobéissance.

Deux barques sont aussitôt préparées ; dans la première montent le P. Courtet, le P. Michel Ozarazza, et le P. Vincent de la Croix. Quelques jours après, une seconde barque devait recevoir les deux séculiers et le P. Antoine Gonçalès, dont la maladie avait retardé le départ.

L'angoisse serra le cœur du P. Guillaume, lorsqu'il fallut quitter, et cette prison et cette île de Lou-tchou, où il avait si glorieusement combattu pour la foi, mais la perspective d'autres luttes à affronter lui donna confiance, et les fers aux pieds, les mains liées, il entra dans cette voie douloureuse qui devait le conduire à Nangazaki « la sainte », tout empourprée du sang des martyrs,comme dit le P. de Réchac.

Cette étape allait être la dernière : étape glorieuse et sublime qui devait se terminer par l'Hosanna du triomphe final.

Chapitre sixième.

Prison de Nangazaki. — Second interrogatoire. — Arachi le rénégat. -- Sentence du juge.

NANGAZAKI, « cap Long », une des cinq villes impériales, est située à l'extrémité sud-ouest de l'île Simo ou Riou-Siou ; elle est entourée de collines et possède un port de deux lieues et demie de longueur sur trois quarts de lieues de large, où les navires sont à l'abri de tous les vents. Elle a compté jusqu'à 60.000 habitants. C'était la seule ville ouverte aux étrangers, c'est-à-dire aux Chinois et aux Hollandais, et encore ces derniers étaient-ils obligés de se tenir dans l'îlot artificiel de Désima, où on les surveillait rigoureusement.

Avant les édits de Cubo-Sama, la chrétienté de Nangazaki avait été florissante, et les Dominicains, dans la belle église que le P. Moralez avait édifiée sous le double vocable de Notre-Dame du Rosaire et de St-Dominique, attiraient un grand nombre de prosélytes, comme dans tout le reste du Japon. Les Taïcoums avaient essayé d'étouffer dans des flots de sang toutes les merveilles que la foi du Christ avait opérées en ce lieu, mais, en dépit des persécutions, Nangazaki, qu'avaient illustrée les martyrs de 1597 et de 1622, était restée Nangazaki la sainte, et Dieu y comptait encore de vaillants et fidèles serviteurs.

C'est dans la prison de cette ville que les PP. Courtet, Michel Ozarazza et Vincent de la Croix devaient être jetés le 13 septembre 1637, veille de la fête de l'Exaltation de la sainte Croix, à quatre heures du soir.

Les prisons impériales de Nangazaki sont étroites et basses, ceintes non de murailles, mais de barrières en bois comme des loges d'animaux. Un second enclos, antérieur au premier, empêche que l'on s'en approche. Les patients s'y voient exposés aux injures du temps et aux outrages du peuple qui passe à une faible distance, et bien souvent le grand nombre de prisonniers qui encombrent chaque loge, ne permet pas de demeurer couché pour dormir.

Nos missionnaires plus joyeux à mesure que le terme approchait se dirigèrent vers leur nouvelle prison, sans proférer la moindre plainte. Les Bonghios les firent entrer ou plutôt les poussèrent avec rudesse et mépris dans une loge étroite et infecte, comme s'ils eussent parqué des animaux immondes.

Le P. Courtet jeta à celui des Bonghios qui le maltraitait, un regard si bon, si résigné que le geôlier eut honte de sa cruauté et dit à ses compagnons : « Coua fôcha » — heureuse personne ! — « Oh ! oui ! Coua fôcha, s'écrièrent à leur « tour les saints prisonniers, en tombant à genoux sur le sol « fétide de leur prison, oui, nous sommes heureux de souffrir, « ô mon Dieu. »

Le lendemain, le Chéïco ([1]) les fit comparaître devant son tribunal ; ils sortirent, dit la relation castillane, escortés par des archers et des soldats en grand nombre, comme des prisonniers de grande considération et des coupables chargés des plus grands crimes, les mains liées derrière le dos, et la tête rasée. Une foule ivre de sang se précipita en avant, pour les maltraiter ; refoulée par les archers, elle se replia des deux côtés de la longue rue qui mène de la prison au tribunal, accompagnant de ses huées les trois pères Dominicains. « Nanbans ([2]) ! » s'écriaient-ils, en crachant à terre avec mépris, « Nanbans ! »

Ce fut au milieu de ces imprécations et de ces moqueries, qu'ils s'avancèrent lentement, mais le visage joyeux, le cœur intrépide, heureux d'avoir encore à manifester hautement leur foi et à exalter le Christ devant les idolâtres. C'était le jour de l'Exaltation de la sainte Croix.

Arrivés devant le gouverneur, ils attendirent avec calme,

1. Juge suprême.
2. Européens.

se confiant au Maître qui avait dit : « Lorsque vous serez « devant les rois et les juges, ne vous mettez pas en peine de « savoir comment vous parlerez, — l'Esprit-Saint parlera par « votre bouche et vous inspirera ce que vous avez à dire. »

Le Chéïco les interrogea d'abord sur leur condition. — Ils répondirent unanimement qu'ils étaient religieux de l'ordre de Saint-Dominique, les premiers comme Pères depuis de longues années, et le Père Vincent comme simple novice, reçu quelques jours seulement avant de quitter Manille.

— « Ne saviez-vous pas, leur demanda le juge, que notre « vénéré maître To-Chôgoun-Sama a porté des règlements « sévères pour empêcher qu'aucun religieux ne pénétrât dans « l'intérieur du pays ? »

— « Nous le savions. »

— « Ignoriez-vous que des châtiments rigoureux, des « peines terribles attendaient les contrevenants, et qu'en ne « respectant pas l'édit impérial vous vous exposiez à la mort « la plus affreuse ? »

— « Nous n'ignorions pas, répliquèrent les généreux « confesseurs, les supplices dont on nous menaçait et qu'on « a fait subir déjà à plusieurs de nos frères. Le monde entier sait « avec quelle rigueur vous appliquez les règlements du Taï-« coum, et pourtant nous sommes venus au Japon, pour y « apporter la foi du Christ, raffermir les bons et relever ceux « de nos frères que vos menaces auraient pu ébranler. »

— « Voilà, dit le juge, une bien grande imprudence de « venir chercher la mort, puisque vous savez quelle vigilance « nous déployons, pour découvrir ceux qui pénètrent dans « notre empire. »

— « Nous ne sommes pas venus chercher la mort, répon-« dit avec calme le P. Courtet, mais notre foi nous fait un « devoir d'obéir à Dieu plutôt qu'aux hommes. Nous obéis-« sons à notre foi et, si la mort vient entraver notre saint « ministère, nous remercierons Dieu qui nous a jugés dignes « de souffrir pour son saint nom. »

— « Votre loi est donc bien grande, et votre Dieu bien

« puissant, pour que vous méprisiez les ordres de notre au-
« guste maître ? »

— « Nous respectons votre maître ; il tient son autorité de « Dieu ; mais nous méprisons ses ordres, s'ils sont contraires « à la volonté divine, et nous sommes prêts à tout souffrir, « plutôt que de ne pas professer la loi pure et sainte du « Christ. »

— « Vous oubliez donc que je suis votre juge et que mes « pouvoirs sont terribles ? »

— « Le Christ, lui aussi, est votre juge, — vous comparaî- « trez tous devant son tribunal ; il vous jugera et sa sentence « sera irrévocable et éternelle. »

Le P. Courtet relevait la tête, en disant ces mots ; son air calme et fier en imposait à l'assistance, et son regard fixait le juge. Furieux, le Chéïco se dressa sur son tribunal, prêt à donner un ordre terrible aux Bonghios qui entouraient le trône : son œil menaçant rencontra le regard timide et réservé du P. Vincent ; il changea ses batteries, et s'adressant à ce dernier :

— « De quelle nationalité êtes-vous ? »

— « Je suis Japonais, reprit le novice, et m'appelle Vin- « cent. »

— « Vincent ? quel est ce nom barbare ? — Tu es Japonais ? « Comment t'appelles-tu ?

— « Je m'appelle Chivvoyouca. »

— « Ton crime est plus grand ; tu es doublement cou- « pable, et comme Japonais et comme prêtre catholique. Les « édits impériaux réservent des peines atroces à ceux d'entre « les nôtres qui embrassent la religion maudite du Christ et « font pénétrer au Japon les bonzouis de l'Europe. Attends-toi « à des supplices horribles. »

Le P. Vincent ne put réprimer un frémissement : si léger fût-il, il n'échappa pas à l'œil perçant du Chéïco ; devinant la lutte terrible qui s'engageait dans l'âme du prêtre japonais, le juge le laissa à ses réflexions et, revenant au P. Courtet il continua :

— « Contrairement à la défense de notre empereur vous « avez donc à Manille une maison religieuse pour les Japo- « nais ? »

— « Nous avons commencé un séminaire, pour y élever « et instruire les Japonais dans la religion chrétienne; mal- « heureusement il n'a pu être achevé. »

— « Avez-vous ordonné beaucoup de prêtres parmi les « Japonais ? »

— « Jusqu'à ce jour, des Japonais en petit nombre ont « été ordonnés, mais il plaira à Dieu de trouver parmi vos « nationaux de nombreux ministres de sa religion, des mi- « nistres saints et dévoués, comme notre cher Père Vincent. »

Le P. Vincent ne fit pas un mouvement ; le Chéïco réprima un sourire mauvais, et il poursuivit son interrogatoire, non parce qu'il espérait ébranler nos saints missionnaires : il savait quelle était la fermeté des confesseurs du Christ ; et le P. Courtet lui en imposait par son air majestueux, où se reflétait l'intrépidité d'un homme indomptable, mais il voulait lui tendre des pièges,et obtenir des renseignements sur Manille et le gouvernement des Philippines.

— « Est-ce par ordre du gouverneur de Manille, ou avec « un de ses vaisseaux que vous êtes venus au Japon? D'autres « religieux sont-ils récemment passés au Japon par la voie « de Chine?

— « Nous ignorons si d'autres missionnaires sont venus « par la Chine. Quant à nous, nous sommes secrètement « arrivés par une autre voie. Le gouverneur de Manille n'a « contribué en rien à notre départ ;au contraire, il veille sans « cesse à ce que les prêtres et les religieux ne prennent pas « la route du Japon, et c'est à son insu que notre embarque- « ment s'est effectué. Nous sommes redevables à notre Pro- « vincial du vaisseau qui nous a conduits : c'est lui qui nous « l'a procuré. Le pilote était un religieux de notre ordre, qui « en avait fait autrefois le métier. Le Christ a protégé notre « route, et c'est lui qui nous a amenés ici pour prêcher son « Évangile et faire connaître sa religion. »

Le P. Courtet parlait avec une dignité qui intriguait le juge ; à la taille, au teint et à l'accent de son interlocuteur, le chéïco reconnut bientôt qu'il n'était pas Espagnol.

— « Vous êtes Hollandais ? lui demanda-t-il ; jamais nous « n'avons vu de missionnaires de cette nation ; et vous êtes « sans doute venu dans le but de vous insinuer auprès des « Hollandais et de les convertir ? »

— « Je suis très éloigné d'être Hollandais, reprit notre « saint religieux : ces gens-là sont des hérétiques, ennemis « de Dieu et de son Église. Je suis catholique romain, et ne « suis venu au Japon que pour enseigner à ses malheureux « habitants le vrai chemin du salut. »

— « Quelle est donc votre patrie ? »

— « Ma patrie, c'est la France. »

Le Chéïco n'avait jamais entendu parler que vaguement de la France ; il crut l'occasion belle de s'assurer si les Français avaient des visées sur le Japon et ses dépendances.

— « Vous êtes Français ; votre nation est sans doute « l'alliée de l'Espagne, pour conquérir nos îles et subjuguer « notre empire ? »

— « Sa Majesté très catholique d'Espagne ne veut pas « subjuguer le Japon, et ses conquêtes sont pacifiques ; il « veut gagner vos îles au Christ et à sa religion sainte. La « France, ma patrie, oh ! elle est assez grande, elle est assez « belle pour ne rien envier à votre pays. La France ! Elle fait « l'œuvre de Dieu, et tous ses enfants aiment et servent la « foi du Christ, notre maître. »

L'assistance frémissait, tant ces paroles étaient vibrantes ; c'était avec son cœur plutôt qu'avec ses lèvres, que le P. Courtet parlait de la France ; son regard lançait des éclairs, quand il portait son souvenir sur cette terre bien-aimée qu'il ne devait plus revoir.

La tentative du Chéïco avait échoué ; il eut recours à un dernier expédient, et demanda au P. Guillaume s'il était théologien. Le Père répondit qu'il était en effet théologien et lecteur en théologie, et que le P. Michel, lui aussi, avait été lecteur en théologie, à Manille, et était très versé dans cette science sacrée.

— « Vous ne savez pas à fond votre science, et vous n'y « croyez pas.— Nous avons ici un Japonais, qui a étudié votre « théologie, et il n'y reconnaît que des erreurs ; il va vous « confondre. »

Le Chéïco fit un signe, et aussitôt apparut, au milieu de la salle, un Japonais, du nom de Thomas Arachi, autrefois ecclésiastique, envoyé à Rome par les soins des Jésuites, mais que la rigueur des lois et la crainte de la mort avaient fait tomber dans l'idolâtrie. Sur l'ordre du Chéïco, il essaya d'ébranler les confesseurs de l'Évangile.

« Fratres (1), salvos vos fieri cupio : mors atra imminet ; jussu judicis, non vero theologia, sed amicitia suadente solum, deprecor : En imago Christi, calcate, quid timetis ? Ex intentione fit actio ; calcando *materialiter* pedibus, cor habebitis immune, et animas vestras salvas facietis. »

Les vaillants missionnaires regardèrent avec indignation ce lâche renégat, et lui fermèrent immédiatement la bouche par cette réponse foudroyante :

« Puisque vous parlez si bien le langage de l'Église latine, il faut que vous soyez quelque renégat de notre sainte religion ; vos discours s'accordent fort bien avec les règles de la grammaire, mais sont formellement opposés aux vérités que vous avez dû apprendre. »

Un regard de mépris accompagna ces vigoureuses paroles, et couvert de confusion, profondément troublé, l'apostat disparut de l'assemblée : le lâche se faisait justice ; il allait cacher sa honte.

Les généreux confesseurs étaient toujours là, dignes et intrépides, soutenant le regard du juge et de ses Bonghios.

1. « Mes frères, je veux vous sauver : car vous êtes menacés d'une mort horrible. Puisque le juge l'ordonne ce n'est pas au nom de la théologie, mais au nom de l'amitié, je vous supplie de suivre mon conseil. Voici une image du Christ : foulez-la aux pieds. Qu'avez-vous à craindre ? C'est l'intention qui fait l'acte ; en la foulant aux pieds matériellement, que votre cœur n'y consente pas, et vous serez sauvés. »

— « Vous êtes des fous et des insensés ! foulez la croix et vous éviterez la mort. »

— « Oui, aux yeux du monde, nous sommes des fous et des « insensés, mais notre folie est sainte et agréable à Dieu. « Quant à fouler le Christ, jamais : souffrir pour lui nous est « une fête; mourir pour lui nous est un gain ! »

En prononçant ces paroles, les Pères Guillaume et Michel s'étaient redressés dans une attitude noble et indomptable. Le Chéïco, convaincu par toutes ces réponses que ni les raisonnements ni les prières ne pouvaient contraindre ces rebelles à changer de sentiments ni de religion, ordonna à ses émissaires de les reconduire en prison, en attendant qu'ils fussent amenés au lieu du supplice.

Ce fut la joie dans le cœur, que nos vaillants missionnaires entendirent la sentence du juge : ils adressèrent à Dieu de profondes actions de grâces et, suivis, poussés par une foule en délire, qui battait des mains, en insultant à la religion du Christ, couverts de crachats, le corps meurtri et sanglant, mais l'âme joyeuse, fiers d'avoir exalté la croix du Sauveur, ils rentrèrent dans leur loge, pour s'y préparer, par la prière et la pénitence, à la grâce du martyre.

Pendant des heures entières, la nuit durant, les trois Pères Dominicains furent en proie à des souffrances atroces ; un peu de riz avarié et du Chiro [1] amer fut leur seule nourriture ; pour toute boisson, de l'eau nauséabonde.

A cette souffrance venait s'en ajouter une autre plus intolérable encore. Le Chéïco avait ordonné qu'on enfermât dans la même cellule des malfaiteurs japonais de basse extraction, idolâtres forcenés. Ils insultaient aux disciples du Christ, et proféraient des propos infâmes sur leur sainte religion. Le nom de Iesos revenait souvent sur leurs lèvres, mais comme un objet de mépris et de honte.

Les saints religieux acceptèrent cette humiliation et l'offrirent à Dieu, pour la conversion de leurs insulteurs; puis, sans

1. Laitue sauvage.

nullement se soucier et de l'étroitesse et de l'infection de leur cellule, que la chaleur du jour avait rendue encore plus intolérable, n'ayant pour toute couche qu'une paille humide et souillée, les prisonniers passèrent la nuit en prière, demandant au ciel, avec saint Augustin, d'accroître leurs souffrances et d'accroître aussi leur résignation.

Chapitre septième.

Premiers supplices. — Supplice de l'eau et supplice des alènes. — Défection du Père Vincent. — Retour à la prison.

CE fut avec une vive émotion que les saints missionnaires virent apparaître à l'horizon les premières lueurs du soleil; ils les saluèrent comme l'aurore d'un grand jour. L'âme fortifiée par la prière, frissonnant d'impatience, ils soupiraient après le moment, qui devait les introduire dans la voie douloureuse du martyre : « O mon Dieu! j'ai soif d'être associé à vos « souffrances et aux mérites de votre Fils; exaucez mes « désirs! »

Le P. Courtet priait encore; tout à coup des clameurs se firent entendre au loin, se rapprochèrent et arrivèrent aux oreilles des bons Pères, faisant tressaillir leurs âmes d'une joie surhumaine. Le moment était venu. La foule se pressait : « Nanbans! Nanbans! » s'écriait-elle, comme la veille, avec frénésie.

La porte de la prison s'ouvrit devant les satellites du Chéïco, et les trois prisonniers sortirent avec une joie si grande, un empressement si enthousiaste que leurs compagnons d'infortune, les criminels japonais,en furent émerveillés, et ne purent s'empêcher de dire : « Nos Bonzouis Foctous n'ont pas l'âme si vaillante; Jezos-Sama doit être un Dieu bien puissant. »

Le P. Courtet, suivi de ses frères, courut plutôt qu'il ne marcha au lieu du supplice, où tout était préparé pour leur faire subir le premier tourment : c'était celui de l'eau.

Deux cents vases d'eau, contenant chacun six azumbres (1) furent infusés à nos vaillants martyrs. On emplissait les

1. L'azumbre est la huitième partie de l'*arroba* qui peut être évaluée à douze litres, — elle représente par conséquent un litre et demi.

patients avec un entonnoir, et on leur faisait avaler autant d'eau que leur estomac pouvait en contenir, comme si on avait voulu remplir un tonneau,dit le chroniqueur espagnol [1]. Alternativement on leur faisait expirer l'eau, et on les remplissait encore. On les étendait ensuite sur le sol, et posant des planches sur leur corps, les bourreaux sautaient dessus et les foulaient aux pieds avec une violence inouïe. Les pieux martyrs étaient tellement pressés, qu'au milieu des plus grandes douleurs, ils étaient forcés de rendre l'eau par la bouche, les narines, les oreilles et les yeux ; et cette eau s'échappait teinte de leur sang : semblables au Christ, sous le pressoir divin, dans leur supplice, dit le P. général Nicolas Rodolphe, ils ajoutaient ce qui manquait à sa passion [2].

Cet horrible tourment se renouvela trois fois, et chacun des Pères dut ainsi absorber et regorger 600 azumbres de liquide. Les souffrances étaient atroces, indescriptibles, capables de donner la mort dix fois pour une [3]. Dieu leur conserva la vie contre toute prévision humaine.

Les Bienheureux PP. Courtet et Michel du Saint-Rosaire, bien loin de perdre courage, faisaient retentir les airs d'hymnes qu'ils chantaient en présence des bourreaux et des chrétiens cachés, qui assistaient à ce terrible spectacle. Ils annonçaient et prêchaient la foi du Christ aux idolâtres, ne cessant de les exhorter à embrasser la religion chrétienne. Le P. Courtet, surtout, semblait soutenu par des forces surhumaines ; sans défaillance, l'esprit toujours aussi calme, il disait, après chaque épreuve, à ses bourreaux, qu'ils pouvaient continuer de le tourmenter encore.

A ce spectacle, les Bonghios refoulaient les larmes qui montaient à leurs yeux, et bon nombre d'idolâtres étaient plongés dans l'admiration. Tous deux, les PP. Courtet et

1. Como si plenaren una pida. Le P. Aduarte, loc. cit.

2. « Sic enim Fratres nostri similes Christo, qui torcular calcavit solus, adimple-« bant, ex apostolo, quæ deerant passioni ejus. » Lettre à tout l'Ordre.

3. « Après quoy on les remplissait derechef d'autres eaux, et on les remettait à la « presse pour la leur faire regorger, et beurent de cette façon une si grande quantité « que c'est merveille qu'ils n'en fussent étouffés ou crevez par la pesanteur des bour-« reaux, qui les foulaient aux pieds ». — Relation castillane de leur martyre.

Michel offraient au Seigneur leurs souffrances, et lui demandaient de les accepter à compte sur les infinies douleurs de sa passion divine.

Mais hélas! la conduite du P. Vincent fut bien différente! Le pauvre novice japonais, vaincu par les tourments qu'on lui faisait subir, et épouvanté des supplices plus affreux encore dont il était menacé, défaillit malheureusement dans l'épreuve et renia la foi. De la main gauche (qu'on laissait libre, d'ordinaire, pour que les patients pussent faire signe qu'ils renonçaient au Christ), l'infortuné traça le geste de la défaillance et de l'apostasie.

Impénétrable jugement de Dieu! Cet homme qui s'était expatrié pour la Religion, abandonnant parents, amis, avenir, qui avait bravé tous les dangers pour secourir les chrétiens du Japon, ses compatriotes, qui avait été pour tous, à Manille, un exemple vivant de vertu, et avait prêté si vaillamment son concours dans la mission de Lou-tchou, cet homme succombe lâchement au moment de remporter le triomphe et de ceindre la couronne du martyre.

La chute déplorable du P. Vincent plongea les deux missionnaires dans la plus vive consternation, et leur fut plus sensible que tous les tourments exercés contre eux. Cependant l'apostasie du malheureux novice ne lui octroya pas l'indulgence et les faveurs du Chéïco : il avait tout perdu, et la grâce d'En-Haut et l'espoir de la liberté.

Le juge les renvoya tous les trois en prison. Il espérait peut-être que la lâcheté et les conseils du Japonais amèneraient une rétractation de la part des deux autres. L'ardeur des deux glorieux martyrs, loin de faiblir, trouva dans ce funeste exemple un aliment de plus; et la nuit se passa en prières, du côté de Guillaume et de Michel, afin de se fortifier contre de nouveaux supplices, et demander à Dieu le retour de leur frère

« Oh! mon frère! s'écriait le P. Courtet, mon frère, au nom « du Dieu, qui nous a tant aimés, et qui vous offre le Paradis, « relevez-vous. »

Et il l'embrassa, — et il se jeta à ses genoux, puisant dans son cœur tout ce qu'il avait de générosité et de tendresse. Mais en vain! Le P. Vincent, tout à son désespoir, se renfermait dans un mutisme effrayant.—Les criminels indigènes, qui la veille insultaient à sa piété, au lieu d'applaudir à l'apostasie de leur compatriote, le raillaient, le tournaient en ridicule.

Dieu tint à prolonger la punition du malheureux renégat, et ne voulut pas encore exaucer la prière de ses deux fidèles serviteurs.

Le jour suivant vit se renouveler le même supplice, que nos saints martyrs endurèrent avec autant d'intrépidité et de constance que la veille; mais leur joie était altérée et leur front trahissait une douleur intime : à leur côté, le P. Vincent persistait dans son apostasie; il n'était pourtant pas exempt de tortures; on le punissait, non pas comme chrétien, mais comme Japonais qui avait transgressé les lois de son pays, en favorisant l'entrée des religieux. Honteux de sa défaite, il se livrait à une tristesse, à une mélancolie indicibles, alors que ses frères souffraient avec calme et résignation.

Bientôt son infidélité commença de lui torturer le cœur, et il murmura une prière. Cette prière, quoique imparfaite, lui préparait son retour à Dieu et aux saintes joies du mérite.

Au tourment de l'eau fut ajouté un autre supplice, plus douloureux peut-être, celui des alènes. Les bourreaux, ayant fait asseoir nos religieux, les attachèrent fortement à un poteau, placé derrière eux, les bras croisés sur la poitrine, puis entre l'ongle et la chair de chaque doigt, ils placèrent de longues alènes ou aiguilles de cuivre, semblables à celles dont les femmes se servent pour tenir les tresses de leur chevelure [1] et les enfoncèrent jusqu'au nœud de la seconde phalange. Il en coula des ruisseaux de sang; mais comme les Pères Guillaume et Michel redoublaient leurs cantiques de louange et ne cessaient de bénir et d'invoquer la Reine du

1. « Instar acus, qua mulieres uti solent ad ornandos discernendosque capillos. (Voir la lettre du Général.)

Rosaire, les bourreaux, sur l'ordre du juge, frappaient sur les aiguilles avec un bâton, ou les râclaient les unes contre les autres pour qu'elles pénétrassent plus avant dans la chair.

Les martyrs, tressaillant de joie, s'écriaient :

— « Oh ! quelle douce harmonie pour le Paradis ! »

Et à la vue du sang, qui coulait en abondance de tous leurs doigts :

— « Roses merveilleuses, pluie de fleurs divines, répan-
« due pour votre amour, ô mon Dieu ! » disait le P. Michel.

— « O JÉSUS, JÉSUS ! chantait à son tour le P. Courtet,
« quels beaux œillets sont sortis de mes doigts ! Oh ! les
« belles roses ! qu'elles sont vermeilles ! mais qu'est-ce que
« le sang que nous versons, ô mon Dieu, en comparaison de
« ce torrent, que vous avez répandu pour nous ! »

— « Que sont ces offrandes, ô JÉSUS, en regard de votre
« passion, subie pour notre amour !

— « De quels rubis avez-vous orné mes mains, ô Sei-
« gneur ! »

— « Oh ! les belles roses pour vous, Vierge du Saint
« Rosaire. »

— « Oh ! les beaux œillets pour votre paradis, ô JÉSUS ! »

Et le pieux dialogue se poursuivait entre les martyrs, ineffable cantique, palpitant de joie surnaturelle et de sublime poésie !

Le P. Vincent éprouvait bien les mêmes supplices, mais Dieu ne le soutenait plus de sa grâce, et, livré aux faiblesses de la nature, il ressentait tout ce qu'il y avait dans les tourments de dur et de cuisant, sans aucune consolation ; aussi endurait-il mal ses souffrances, et devint-il le jouet et la raillerie de ses impitoyables bourreaux.

Lorsqu'on lui faisait avaler l'eau, ou qu'on lui enfonçait les aiguilles dans les doigts, il était agité de convulsions si étranges, en proie à des rages si violentes, qu'il fallait trente hommes, se relayant sans cesse, pour le contenir, alors qu'un seul suffisait pour torturer chacun de ses compagnons. Ils tendaient d'eux-mêmes leurs mains aux bourreaux.

Leur patience, leur angélique douceur remplissaient d'étonnement l'assistance, et plus d'un chrétien, caché dans la foule, dut sentir se raviver dans son âme la foi du saint baptême : les bourreaux eux-mêmes ne purent retenir leurs larmes, et saisis d'émotion, ils disaient aux martyrs : « Oh ! malheu-« reux ! Pourquoi donc êtes-vous venus chercher cette mort ? » Le P. Courtet leur répondit avec douceur et fermeté : « Écoutez mes paroles, et dites-les au juge, répétez-les à « tous. Nous ne sommes pas venus au Japon pour mourir, « mais pour annoncer la foi divine, pour prêcher le seul Dieu « véritable, et pour enseigner aux Japonais la voie du salut. « Qu'ils sachent bien que c'est là notre but, que c'est dans « ce sens et pour cette fin seulement qu'ils doivent s'expli-« quer notre venue ici, et non pour mourir comme ils le « disent. Nous acceptons la mort, mais en témoignage du « Christ, et comme preuve des vérités que nous prêchons (1). »

Après avoir prononcé ces mots, toujours héroïque, le Père Guillaume présentait de nouveau ses mains aux Bonghios. Irrités de ce qu'il paraissait ne point souffrir, le Chéïco ordonna qu'avec les aiguilles d'une main on râclât les aiguilles de l'autre, comme les musiciens japonais avec une griffe égratignent leurs guitares. Puis l'inclinant jusqu'à terre, on lui fit gratter le sol de ses doigts hérissés d'alènes. Et alors, dans un nouveau transport, le pieux martyr recommença son cantique d'amour.

« O douce harmonie ! chant suave, échos des mélodies du ciel ! »

« Oh ! qu'il est beau le chemin qui doit me conduire au Paradis ! »

Cependant, après tant de souffrances, les vénérables confesseurs, brisés et comme anéantis, semblaient sur le point de rendre l'âme. Le juge crut ou feignit de croire à une défaillance des martyrs : « Renoncez à la foi, s'écria-t-il, et vous « aurez la vie. »

Oh ! merveille de la grâce ! Ces confesseurs de la foi cou-

1. Notice de Jules Courtet, sous-préfet, p. 42.

chés par terre, la face vers le ciel, les mains criblées de ces terribles aiguillons, sortirent de leur agonie, en entendant ces langues *vipériennes* ([1]), comme dit un historien, et d'une voix forte avec une vigueur surnaturelle :

« Oh ! les infâmes paroles, cria le P. Courtet, voilà une « offre bien agréable ; comme si nous étions venus d'Europe « pour commettre une si grande lâcheté! Achevez, nous pou- « vons tout en celui qui nous fortifie. »

En prononçant ces paroles, le P. Guillaume et avec lui le P. Michel, nous dit l'auteur des *Hommes illustres de l'ordre de St-Dominique*, avaient pris « un *visage résolu, martial et serein ; leurs yeux étincelaient...* » A cette vue, le Chéïco comprit qu'il essayerait en vain de fléchir leur courage, *puisque les solliciter à l'apostasie, c'était jeter de l'huile sur des charbons ardents*, et craignant d'ailleurs que la mort ne vînt arracher ces victimes aux nouveaux supplices que sa rage avait inventés, il ordonna de les reconduire en prison. Ils y furent portés sur un brancard, car ils pouvaient à peine se soutenir et, là, par un raffinement de barbarie, les Bonghios, sur la recommandation du juge, leur prodiguèrent de nombreux remèdes, afin de les conserver et de renouveler leur martyre.

Du haut du ciel, Dieu lui aussi envoya son baume, et les anges du Paradis durent descendre dans la cellule des vaillants martyrs, pour cicatriser leurs blessures et déposer dans leurs âmes les suaves parfums de l'amour et de la confiance, avant-goût des douceurs éternelles.

1. Item... ...... p. 43.

Chapitre huitième.

Pieux transports des martyrs. -- Retour du P. Vincent. — Joie de ses frères.

CE ne fut que de longues heures après, que les vaillants martyrs se ranimèrent et sortirent de l'anéantissement où les avaient jetés les souffrances de la veille. Leur première parole fut une protestation de foi. « Ne croyez pas, disaient-ils aux criminels Japonais, leurs compagnons de geôle, ne croyez pas que cet abattement de notre corps ait amolli notre âme. Non. A mesure que son enveloppe mortelle se dissout, notre âme n'est que plus dégagée, plus vaillante, plus passionnée pour Dieu. »

En confirmation de ces nobles paroles, les saints confesseurs tracèrent sur leur front le signe de la croix; puis, se soulevant péniblement, ils s'embrassèrent et s'exhortèrent à la persévérance : « Dieu soit béni ! le Christ soit loué ! Vive Marie du « saint Rosaire qui nous a permis d'égrener hier de si belles « roses en son honneur et pour son amour ! » Et ils baisaient leurs doigts ensanglantés, plaies hideuses, où les ongles et la chair sanguinolente ne formaient plus qu'une bouillie infecte, et de leurs yeux s'échappaient des larmes d'amour, à la vue de ces membres, que le Christ avait associés aux mérites de sa passion.

Ce spectacle grandiose, comme seuls les saints savent en donner, le monde ne le comprend pas ; dans son terre-à-terre dégradant, les hommes sensuels n'ont pas l'âme assez pure pour atteindre ces hauteurs, où Dieu se communique à ceux qui l'aiment ; ils ignorent, si toutefois ils ne méprisent, ces saintes extravagances de l'amour divin. Qu'importent les jugements du monde aux âmes d'élite ! Elles planent dans les régions supérieures de la vertu. Là elles se savent aimées et comprises de Dieu : le reste pour elles n'est rien. Les miasmes sortent du marais, infects et troublants, mais qu'importe à l'azur des cieux ! Ne reste-t-il pas brillant et limpide ? O héros de la foi, valeureux disciples du divin Crucifié, faites votre œuvre ; comme le Christ sur le Calvaire, tôt ou tard vous forcerez les endurcis à se frapper la poitrine en s'écriant : « Vraiment ces hommes sont des hommes de Dieu. »

Cette scène émouvante, que nous venons de décrire, n'avait pas eu que les anges du ciel pour témoins ; les prisonniers japonais avaient senti leur cœur s'attendrir à ce spectacle surnaturel, et leur attitude trahissait une bien profonde émotion. Depuis quelque temps, le mépris, ou mieux, la haine avait fait place en eux à des sentiments plus humains, et de leurs lèvres ne sortaient plus que des paroles de pitié et d'admiration. La grâce de Dieu les travaillait, et la vue des pieux héros confessant le Christ au milieu de leurs tortures était pour eux une prédication saintement éloquente qui leur arrachait des soupirs et mettait dans leur âme des réflexions salutaires. Ces scélérats, en qui renaissait la vertu, peut-être étaient-ils tentés de dire comme le larron du Golgotha : « Pour nous, c'est avec justice que nous souffrons, car nous l'avons mérité par nos crimes. Mais ceux-ci n'ont commis aucun mal ! » Le P. Guillaume, devinant le changement qui s'opérait en eux, trouvait des accents qui contribuaient puissamment à la transformation de leur cœur. « Croyez au Christ, croyez au Dieu « qui soutient ses serviteurs. Oh ! mes frères, aurions-nous « mille vies que nous les donnerions toutes pour confesser no- « tre foi et ouvrir vos yeux à la grâce ! »

Cependant le P. Courtet était envahi par une pensée douloureuse qui attristait son front et assombrissait par moments les douces émotions de son martyre : le P. Vincent n'était plus à ses côtés dans la cellule. Le juge, craignant maintenant que les deux martyrs ne lui fissent regretter son apostasie et ne le ramenassent à des sentiments chrétiens, avait ordonné qu'on les séparât du Japonais par une cloison. Cette cloison était légère, et les saints prisonniers, muets de crainte et d'épouvante, tendaient l'oreille pour percevoir quelque son. Rien ne leur arrivait. Un silence de mort régnait par delà la barrière. Avait-il succombé à ses souffrances ? A la pensée que le malheureux novice avait peut-être comparu devant son Dieu avec la honte de son apostasie, le P. Guillaume gémissait, murmurant une prière.

Le P. Vincent était encore de ce monde, mais hélas ! par quelles souffrances n'était-il pas passé ! Ce n'étaient plus les contorsions ni les efforts désespérés qui l'agitaient la veille sur le lieu du supplice, mais un abattement pénible qui, sans amortir les douleurs d'un corps brisé, le condamnait à une inaction impuissante et partant plus cuisante que les tortures endurées. Alourdie comme le corps mais avec une claire vision de l'abîme où elle avait roulé, son âme repassait avec un amer désespoir les hontes de la faute.

La nuit avait été horrible, combien plus horrible la venue du jour ! Étendu à terre, condamné à une prostration douloureuse, le malheureux apostat voyait s'entr'ouvrir devant lui un gouffre sans issue comme sans espoir, l'enfer des Judas et des traitres. Parfois des larmes lourdes, brûlantes montaient à sa paupière, mais c'était tout; pas un sanglot ne remuait sa poitrine, pas un soupir, pas une prière ne sortait de ses lèvres. C'était le désespoir dans un mutisme effrayant.

Les PP. Guillaume et Michel ne cessaient de prier ; leurs supplications étaient plus puissantes, plus intenses, à mesure que semblait disparaître tout sentiment d'espoir. Leur cœur se serrait d'angoisses. Bientôt un soupir d'abord confus, peu à peu distinct, se fit entendre. Ce fut une vraie joie pour nos vaillants martyrs ; oubliant leurs souffrances, pour ne plus songer qu'au salut de l'infortuné renégat, ils crurent déjà voir briller une lueur d'espérance. Leurs voix redevinrent tendres et suppliantes. « O mon frère, mon cher frère, disait le P. « Courtet, revenez à Dieu ; revenez à la joie de votre inno- « cence et de votre sacerdoce, de grâce répondez-nous. Avez- « vous du repentir ? »

Un gémissement faible, comme un murmure, répondit à

cet ardent appel; puis, tout retomba dans un silence de mort. Longtemps nos deux religieux renouvelèrent et leurs instances et leurs supplications : l'infortuné se renfermait dans son mutisme.

Tout à coup comme mu par un ressort étrange, d'une voix sombre, qu'entrecoupaient des cris de désespoir, le P. Vincent laissa tomber dans la solitude de sa prison ces paroles amères :

« Non ! Non ! mon crime est trop grand ! Je suis un apostat; je n'ai droit qu'à la réprobation. Je suis damné ! »

« Cher frère, interrompit le P. Courtet, qu'avez-vous dit ? Gardez-vous de rester impénitent. Humiliez-vous, et votre âme purifiée reviendra digne du ciel. Pour Dieu, pour le Christ-JÉSUS qui vous a racheté, ne persistez pas dans votre apostasie. O mon frère, vous repentez-vous ? »

Cette fois des sanglots se firent entendre ; l'heure de Dieu approchait.

« Songez, mon frère, au scandale que votre impénitence « donnerait à l'Église du Japon, aux âmes que vous perdriez « peut-être. Songez aux faveurs divines dont vous avez été « comblé dans le passé. Songez au ciel que vous allez perdre, « à l'inutilité des souffrances que vous endurez. Songez à la « douleur que vont éprouver nos frères de Manille; songez à « notre propre douleur. Au nom de l'amour qui unit nos âmes, « au nom de ces souffrances, de ces prières que nous offrons à « Dieu pour votre retour à la foi ; au nom de notre bienheu- « reux P. Dominique et de la Vierge du S. Rosaire, repentez- « vous et renaissez à la joie, au Paradis ! »

La voix des saints martyrs ne pouvait plus longtemps monter en vain vers le trône de la miséricorde divine. Le Père céleste abaissa un regard de pitié sur la brebis égarée. Un cri retentit, c'était le cri du repentir : « Pardon, pardon, mon Dieu ! » On entendit le P. Vincent se soulever avec effort et tomber à genoux sur le sol de sa loge, et derrière la cloison le bienheureux Guillaume écouta la confession du frère repentant... Sa main se leva, et l'absolution descendit sur le cher Enfant prodigue !

Noyé dans ses larmes, humilié dans son repentir, le P. Vincent se releva ; réconforté par le pardon du ministre de Dieu, il fit au ciel le sacrifice de sa vie, pour réparer le scandale qu'il avait donné. Son abattement fit place, sous l'action d'En-Haut, à une énergie que la vivacité du repentir allait rendre indomptable.

O prodige de la grâce ! La transformation venait de s'opérer merveilleuse et entière ; le corps souffrait encore, « mais le corps, a dit Tertullien, ne sent pas la souffrance quand l'âme est dans le ciel ». Voilà le secret de cet héroïsme dont le P. Vincent allait donner des preuves si éclatantes ; son âme n'était plus sur terre, elle était dans le ciel et Dieu se devait à lui-même de soutenir son serviteur.

Un moment, vaincu par les angoisses et les révoltes d'un corps torturé, le malheureux novice avait renié le Christ ; avec les saintes énergies de l'âme il avait perdu le mobile de cette vaillance surhumaine qui, même dans un corps frêle et délicat, suscite des triomphes si éclatants. Il avait cessé d'être un martyr, pour n'être plus qu'un supplicié, et de là les impuissances de sa nature humiliée et confondue. La grâce revient et avec elle les tressaillements de la vertu et les ressources de l'héroïsme. Le doigt de Dieu toujours admirable en ses saints est là.

Certes, le P. Vincent était grandement coupable. L'apostasie est une de ces fautes que l'Église et le bon sens ont toujours stigmatisées, un de ces crimes qui restent la plupart du temps impardonnés, parce qu'il creuse tout un abîme sous les pieds du coupable, un abîme où tout disparait : — Honneur, vertu, repentir. — De ce gouffre, aux portes duquel pourraient être placées les fameuses paroles du Dante : *lasciate omni speranzia*, à moins d'un miracle, on ne remonte jamais : le désespoir est au fond.

Chaque siècle a eu ses apostats ; presque tous sont morts impénitents. Le P. Vincent avait plus de droits au pardon divin ; il n'était qu'un demi-renégat. C'était moins son âme que son corps qui avait apostasié ; la douleur physique et non le mépris de Dieu, comme pour Thomas Araki, son compatriote, lui avait seule arraché le cri de la défection. Il tombait de moins haut, et Dieu, ne sachant pas, d'ailleurs, résister aux supplications et aux mérites de ses deux fidèles serviteurs, les Pères Guillaume et Michel, le retira de l'abîme.

Le P. Courtet surtout avait à cœur de ramener à la grâce son frère Vincent. Est-il téméraire de penser que, dans cette œuvre de charité, notre héros avait entrevu cet autre apostat, le père d'Olive, son compatriote sérignanais pour lequel il avait tant de fois offert à Dieu sa vocation? Il y a, même à des siècles de distance, solidarité dans les réparations : le retour du P. Vincent, provoqué par les prières du pieux Courtet, devait servir de contrepoids dans la balance divine et réparer les erreurs du fratricelle [1].

Pardonné, l'apostat d'hier allait noblement expier aujourd'hui sa faute et reconquérir par un redoublement de vaillance le terrain perdu. « Merci, mon Dieu ! s'écria-t-il dans un joyeux élan de reconnaissance, merci ! je suis prêt. » — Il l'était en effet.

Bientôt les gardes de geôle arrivèrent. — « Je suis chrétien, se hâta de leur dire le généreux pénitent, je suis chrétien » ; et telle était sa crainte de n'être point cru sur parole qu'il les suppliait de le conduire à l'instant au supplice pour y confesser sa foi.

Les gardiens, qui avaient été les témoins de sa honteuse défaite et de son désespoir au milieu des tourments, crurent à un enthousiasme passager et pensèrent que les paroles du juge et la vue des tortures auraient facilement raison de ce changement subit et, à leurs yeux, inexplicable. Aussi, négligeant de l'intimider par des menaces, se contentèrent-ils de le couvrir de sarcasmes et de ne répondre à ses protestations que par des allusions malignes assaisonnées de cruelle ironie.

1. Pierre-Jean Olive ou d'Olive, fameux cordelier et théologien, né à Sérignan en 1247, mort en 1298. En prêchant l'excès de la pauvreté il souleva quelques persécutions contre lui. Il fut même déclaré hérétique à cause d'un panégyrique sur la sainte Vierge, qui tendait à la diviniser, et condamné par Nicolas IV. Il mourut après avoir rétracté ses erreurs.

Le pauvre Vincent, humilié mais confiant, n'en continua pas moins à protester de sa foi au Christ et chercha dans la prière à réconforter son âme en prévision des nouveaux supplices. Le P. Courtet et le P. Michel, édifiés de ces témoignages de repentir et de piété, étaient tombés à genoux dans leur cellule pour remercier Dieu du retour de leur frère. Le cœur débordant de reconnaissance, ils s'oubliaient eux-mêmes et se réjouissaient à la pensée que la mort les trouverait tous trois unis dans la même foi et le même martyre !

Chapitre neuvième.

Réparation du P. Vincent, sa constance. — Nouveaux tourments de l'eau. — Supplice de la cuve. — Retour à la prison.

DEUX heures à peine s'étaient écoulées depuis la conversion de leur frère, lorsque les prisonniers virent une troupe de satellites franchir les pieux d'enceinte et se diriger vers leur prison. Ils les saluèrent de leurs joyeux chants ; ils se sentaient si faibles qu'ils ne doutaient point que cette épreuve ne fût la dernière et ils s'estimaient heureux de pouvoir enfin toucher au terme de leur délivrance. Quatre gardes entrèrent dans l'enceinte intérieure ; là, saisissant les prisonniers l'un après l'autre, ils les lièrent étroitement et les conduisirent en dehors des palissades, au milieu d'un grand nombre de soldats rangés en cercle les armes à la main. La populace, toujours haineuse et irritée, était à son poste, formant la haie des deux côtés de la rue pour insulter aux bonzes du Christ. Les serviteurs de Dieu chantaient des Psaumes et rayonnaient de joie. Dignes émules des Apôtres martyrs, ils allaient joyeux selon le précepte de saint Paul, *ibant gaudentes*, joyeux de ce qu'on les avait jugés dignes de souffrir pour le Christ [1].

Le P. Vincent semblait vouloir réparer glorieusement sa défaite des jours précédents ; il marchait joyeux, lui aussi, comme s'il eût marché à une fête, et les païens, qui l'avaient vu lors des derniers supplices si défait et si lâche, se perdaient en conjectures sur ce changement. « Il faut qu'il ait sur lui quelque poudre secrète, » disaient les uns. — « Attendons un peu, » répondaient les autres ; « la torture aura raison de lui. » — « Je suis chrétien, ne cessait de répéter le vaillant converti, et je ne crains point la mort. » — L'escouade était arrivée au lieu des supplices.

1. Ibant gaudentes quoniam digni habiti sunt pro nomine JESU contumeliam pati.

Le juge, prévenu par les Chôgouns de la conversion du P. Vincent, l'accueille avec un sourire moqueur et tourne en dérision ses démonstrations de foi. — « Je suis chrétien, s'écrie le novice, et je confesse que le Christ est le seul Dieu véritable. » — Le juge a beau le menacer, lui montrer du doigt les instruments de torture, le P. Vincent ne se départ pas de sa noble attitude et déclare qu'il est prêt à endurer tous les tourments imaginables, tant pour expier sa faute qu'afin de glorifier JÉSUS-CHRIST. Le Cheïco, surpris d'un revirement aussi inopiné, ordonne qu'on le soumette de nouveau au tourment de l'eau.

Les bourreaux étendent leur victime sur le dos, appliquent un entonnoir à sa bouche et font ainsi pénétrer en plusieurs fois dans son corps jusqu'à cinq grands vases d'eau. Lorsque le patient n'en put contenir davantage, un bourreau lui sauta sur le ventre et le pressant avec ses pieds de toute sa force lui fit rejeter cette eau avec tant d'impétuosité qu'elle entraîna chaque fois du sang en abondance.

Le supplice est atroce ; ajoutez-y la rage et la barbarie des bourreaux qu'irritait la patience du martyr, que stimulait la voix du juge, et vous vous représenterez aisément ce que devait éprouver la victime.

O merveille divine ! le P. Vincent restait impassible. Que dis-je ? il souriait, et ses lèvres ne s'ouvraient après chaque épreuve que pour confesser le Christ. La grâce dominait la nature et désormais le nouvel athlète de la foi pouvait tout en celui qui le fortifiait.

Pendant cette douloureuse torture, les Pères Courtet et Michel n'avaient cessé de prier pour la persévérance de leur compagnon — « Courage, frère, confiance, » lui disaient-ils de temps à autre. — L'ardeur du pieux Japonais ne se démentit pas un seul moment; les prières de ses deux frères lui valurent de tromper l'espérance de ses bourreaux et de noblement effacer la tache de son apostasie.

Furieux de son échec, le Cheïco ne se tint pas pour battu, et fit appel à toutes les inventions de sa rage pour se venger des deux religieux Européens à qui il imputait la conversion du P. Vincent ; il ordonna aux Bonghios de leur faire endurer avec un raffinement de barbarie le même supplice de l'eau. Les généreux confesseurs de la foi, joyeux d'avoir à donner au divin Maître un témoignage nouveau de leur amour, se laissèrent coucher à terre et torturer à loisir; baignés dans leur sang, exténués, ils puisaient dans l'intrépidité de leur foi encore assez de force pour prêcher les vérités de la sainte religion. Ce fut avec une joie et une patience invincibles qu'ils endurèrent les tourments.

Dieu seul pourtant saurait dire et l'acuité des tortures et la souffrance des martyrs. Car, après tout, le chrétien, quoi qu'on en ait dit, n'est pas un stoïcien et il éprouve tout comme un autre les faiblesses de la chair, mais pour les surmonter par la vigueur de l'esprit. Le P. Guillaume, ainsi que ses deux compagnons, savait d'ailleurs que leur mort glorieuse pour eux ne serait pas sans efficacité pour les âmes de ces malheureux Japonais qu'ils étaient venus évangéliser. Ces pauvres frères égarés, nos martyrs les aimaient ; du milieu de leurs souffrances, ils leur prêchaient la foi du Christ, seul Dieu véritable. Si vous ne croyez pas à nos paroles, croyez du moins à nos œuvres, pouvaient-ils dire comme le Sauveur; croyez-en des témoins qui se laissent égorger pour affirmer leur doctrine.

Dans les persécutions passées, alors que la religion chrétienne était dans tout son éclat, il n'était pas rare de voir des païens Japonais se convertir à la voix des confesseurs, sortir des rangs et s'élancer au devant des bourreaux pour partager le sort des martyrs. La foi s'était depuis bien amoindrie ; la rage des persécuteurs et la haine jalouse des bonzes avaient étouffé ce qui restait de croyance chrétienne sur la terre du Japon et les rares fidèles qui avaient conservé la grâce de leur baptême se tenaient cachés dans la foule des païens, réprimant tout geste, toute parole qui aurait pu les trahir et les perdre. Pour tous, mais surtout pour ces frères chancelants, le P. Guillaume offrait à Dieu et son sang et sa vie, et du milieu de ses tourments, s'il élevait la voix, c'était pour aller réveiller ou raffermir dans leur cœur les vérités de la religion.

Les supplices de l'eau avaient comme les jours précédents trouvé nos martyrs invincibles. Le Chéïco, honteux de ses défaites successives et désespérant d'obtenir des confesseurs de la foi une rétractation volontaire, voulut du moins leur arracher, à force de tortures, un murmure, une plainte qui pût en tenir lieu, et vaincre leur courage. Sur son ordre on invente alors un nouveau supplice : *le supplice de la cuve.*

Les bourreaux suspendent le P. Courtet par les pieds au moyen d'une corde tordue et le plongent, les mains liées et la tête en bas, dans une cuve remplie d'eau. Lorsqu'il a suffisamment avalé de liquide, c'est-à-dire tout ce que son estomac est capable de contenir, et qu'ils est presque sur le point d'étouffer, les bourreaux le retirent et la corde, se détordant avec une extrême rapidité qui enlève la respiration lui fait rendre l'eau et lui cause une douleur « que l'on peut aisément croire affreuse, dit le chroniqueur Espagnol, et capable de donner bientôt, quoique trop lentement, la mort. » — La patience et la joie du martyr étaient inaltérables, et après la torture il recommença à louer Dieu. Sans nul espoir de réussir, mais pour obéir aux injonctions du Chéïco, les Bonghios lui donnent parole de vie sauve s'il veut renoncer à la foi. Un refus énergique de sa part devient le signal d'une nouvelle épreuve. Plusieurs fois de suite il fut replongé dans la cuve, sans que son corps ébranlé et broyé laissât jaillir la moindre plainte. Les mêmes promesses essuyaient le même refus et le tourment recommençait. De guerre lasse, nous dit la relation Castillane, les interprètes eux-mêmes avaient cessé de l'interroger, ainsi que ses compagnons soumis aux mêmes supplices ; ils répondirent, comme les jours précédents, que c'était inutile. « La réponse est certaine, ces offres qu'on « leur fait leur donne tant de « satisfaction que c'est comme une eau cordiale ou un restau- « rant qui leur rend la vie à moitié perdue et redouble leur

« courage. C'est les ressusciter que de leur adresser la pa-
« role. »

Ces diverses épreuves, réitérées presque sans interruption, avaient duré trois jours. Les Bonghios s'étaient relayés, brisés de fatigue ; la patience des saintes victimes avait lassé la rage des bourreaux! Comme ni les promesses, ni les menaces ne pouvaient réussir à leur faire renier le Christ, on cessa de les torturer. Mais le supplice avait été si douloureux que les martyrs s'évanouirent. Ils furent reconduits ou plutôt portés en prison. Depuis trois jours ils n'avaient pris aucune nourriture. Le geôlier leur ayant demandé s'ils voulaient quelque aliment : « Nous ne souhaitons qu'une chose, c'est de finir notre vie pour JÉSUS-CHRIST notre Sauveur. » Néanmoins ils se décidèrent à accepter quelque nourriture afin de puiser de la force contre de nouveaux tourments.

Les vaillants confesseurs restèrent encore quelques jours dans leur cachot en proie à toutes les tortures. Dévorés par les insectes, respirant un air fétide et corrompu, les pieds dans une mare croupissante, où les ordures et la paille pourrie exhalaient des infections mortelles, baignés d'une humidité continue, alimentés comme fortuitement et pour ne pas mourir par des mets sans substance, un peu de riz et quelques parcelles de poissons ou d'herbes salées, les généreux martyrs avaient encore à supporter les douleurs cuisantes d'un corps meurtri et exténué par tous les supplices soufferts. Mais leur cœur se dilatait dans cette agonie de tous les instants et leur âme était consolée par les joies célestes que Dieu leur envoyait. Le P. Vincent semblait plus n'avoir à cœur que de faire oublier son crime d'apostasie et sa seule crainte était de ne pas assez vivre et assez souffrir pour conquérir la récompense du ciel.

S'embrassant, se consolant ou mieux s'encourageant les uns les autres avec des paroles empreintes de pieuse tendresse, les trois religieux puisaient dans l'amour de leur Dieu la persévérance qui fait les vainqueurs. — Courage, encore un dernier assaut et la victoire est à nous. Qu'importe la souffrance!

les tribulations d'ici-bas n'ont aucune proportion avec la gloire céleste qui nous est promise [1].

Les Japonais criminels étaient devenus les fervents admirateurs de nos saints missionnaires et rien ne pourrait dépeindre l'avidité et le recueillement avec lesquels ils écoutaient le P. Courtet leur parlant du Christ et de sa sainte religion. Les bonnes dispositions de ces âmes de sauvages, qui s'ouvraient peu-à-peu aux lumières de la foi, réjouissaient son cœur d'apôtre, et il se sentait heureux d'engendrer encore des chrétiens à l'Église. Pour eux, pour les terres du Japon, pour les pécheurs d'Europe, le P. Guillaume s'acheminait joyeux vers le martyre et offrait à Dieu le sacrifice de sa vie ; noble et saint holocauste qui ne devait pas seulement profiter à la victime ! Seul véritable rachat, le rachat par le sang « non « pas le sang des coupables qui se perd dans le sol et reste « muet et infécond, mais celui des justes, qui crie au ciel, con- « jurant la justice et invoquant la miséricorde ! »

1. *Non sunt condignæ passiones hujus temporis ad futuram gloriam quæ revelabitur nobis.* — Rom. VIII, 18.

Chapitre dixième.

Arrivée du P. Antoine Gonçalès. — Son entrevue avec ses frères. — Son martyre. — Sa mort. — Désirs impatients du P. Courtet.

EN attendant qu'ils parussent assez forts pour retourner au supplice, le Chéïco laissait les martyrs aux souffrances de leur prison. C'est là que le vingt-un septembre ils eurent la douce consolation de rencontrer le Père Antoine Gonçalès, supérieur de leur mission, débarqué le même jour à Nangazaki, en compagnie des deux laïques, le Japonais de Méaco et le Chinois Lourenço Luiz.

Comme nous l'avons vu, le départ de Lou-tchou avait été retardé pour le Père Gonçalès à cause du mauvais état de sa santé. Son impatience était grande d'aller rejoindre sur le théâtre de leur glorieux sacrifice les trois bons Pères qui l'avaient précédé à Nangazaki la sainte. Il aurait voulu communiquer à son corps débile un peu des saintes énergies qui emplissaient son âme, afin de hâter l'heure de son départ. Le Chôgoun impérial, qui avait décidé pour le même jour l'immolation des six confesseurs de la foi, ordonna de devancer la date d'abord fixée pour l'embarquement du Père Gonçalès et de ses deux catéchistes. La nouvelle fut reçue avec joie. Le chroniqueur Espagnol nous raconte que « le « Père sortit le premier de la barque en terre, d'un maintien « posé et grave, les yeux levés devers le ciel, et que, levant « la main, il se munit plusieurs fois du signe de la croix, « imitant en cela les anciens martyrs. »

Arrivé au tribunal, où s'étaient aussi rendus l'apostat Christophe Perreyra, religieux dominicain, et d'autres Japonais renégats, que le juge avait mandés pour persuader aux prisonniers d'adorer les idoles, le P. Antoine fit entendre d'énergiques protestations de foi. Animé d'un saint zèle, il prit à partie les renégats présents dans l'assemblée, avec tant de force et d'éloquence que l'un d'entre eux, dont la chronique ne nous a pas transmis le nom, sortit de la salle tout plein de honte et de confusion. Craignant que les discours et les réponses du missionnaire ne tournassent à l'avantage de la cause du Christ, le juge coupa court à l'interrogatoire et fit conduire les trois prisonniers sur le lieu du supplice.

On les soumit au tourment de l'eau; exténué et n'ayant plus qu'un souffle de vie, le P. Gonçalès puisait dans sa foi courage et constance. Pour l'ébranler, les Bonghios lui dirent que le P. Courtet et ses deux autres religieux avaient apostasié. Il répliqua hardiment « que cela n'était pas et qu'il était bien « assuré de leur courage et qu'il espérait de Dieu la même « persévérance ». Après chaque épreuve, le vaillant martyr recommençait à prêcher la foi de JÉSUS-CHRIST. On lui montra une image de Notre-Dame du Saint-Rosaire et de Saint-Dominique, qui, sur l'ordre des juges, fut foulée aux pieds. Ce que voyant, « ce bon Père se prosterna à terre, tout « garrotté qu'il était, pour l'honorer et la baiser et adressa des « paroles à la très sainte Vierge, en termes pleins de ten« dresse... » Deux soufflets l'interrompirent; après quoi affaibli par la fièvre, meurtri par les tortures, ayant vomi des flots de sang, il fut porté à bras dans la geôle. Il y fut reçu par ses frères avec larmes et acclamations de joie.

Combien touchante fut pour le P. Courtet et ses deux compagnons cette entrevue avec leur saint supérieur ! Ils baisèrent ses plaies avec respect, et s'entretinrent longuement avec lui de leurs communes joies et de leur martyre. Le récit des trois religieux fut un baume pour le vénérable patient; couché à terre, miné par une fièvre dévorante, il se préparait à sortir de ce monde, n'ayant qu'un regret : de ne pouvoir souffrir autant que ses frères et d'avoir si peu fait pour la cause du Christ. Dieu devait l'exaucer en partie.

Le 23 du même mois, les satellites vinrent reprendre le P. Antoine et les deux catéchistes pour les soumettre une seconde fois au supplice de l'eau. « Courage, Père vicaire-provincial, lui dit le P. Courtet, c'est le chemin du ciel que nous cherchons tant. » — « Oui, mes Pères, mais aidez-moi par vos prières envers Dieu avec la grâce duquel toutes choses sont faciles. » Les tourments le trouvèrent inébranlable; des flots de sang caillé s'échappèrent avec l'eau regorgée, au point que les bourreaux furent touchés de compassion et le firent rapporter dans le cachot.

Vers minuit, se sentant défaillir, le Père supérieur demanda au geôlier un peu de vin « afin, disait-il, d'avoir encore assez de forces pour souffrir de nouveaux supplices, » mais la couronne était déjà prête! Le 24, après avoir gagné à Dieu les deux séculiers qui avaient un peu faibli dans la foi, il dit un adieu suprême à ses trois religieux prosternés auprès de lui : « Père saint, s'écriait notre héros avec des larmes dans sa voix, où allez-vous sans votre fils? » — « Mon fils, mon cher fils, répondit le mourant en abaissant sa main sur le P. Guillaume, je ne vous abandonne pas. De plus grands combats vous attendent encore pour l'honneur de l'Église. Bientôt vous me suivrez. » Puis, après une dernière bénédiction, entre les bras du P. Courtet qui lui parlait du Paradis, le vénérable missionnaire rendit l'âme à son Dieu !

Le départ pour le ciel de son bien-aimé supérieur avait fait naître une sainte impatience dans le cœur du P. Courtet ; il portait pieusement envie au bienheureux athlète qui en si peu de temps avait consommé son sacrifice et pris son vol vers les demeures éternelles. Une pensée le consolait : Il était juste que celui qui avait été leur guide ici-bas passât devant « *comme un bon capitaine qu'il était* », pour leur faciliter le chemin du ciel et leur préparer la couronne qu'ils espéraient recevoir bientôt.

Jusqu'au lendemain, les pieux prisonniers eurent la garde du corps vénéré de leur père. Sainte garde, pendant laquelle les précieuses reliques du martyr furent l'objet de leur filiale vénération! Noble veillée d'armes, d'où ils sortirent, comme les preux d'autrefois, plus retrempés et plus vaillants, prêts à vaincre et à mourir.

Le prisonnier, dans sa cellule, plonge tristement ses regards à travers les barreaux et soupire après le jour où se rouvriront les portes du cachot, pour lui rendre, avec l'azur du ciel, les douces étreintes de la famille et les joies de la liberté. Prisonnier, lui aussi, notre saint portait son souvenir vers sa chère patrie, vers sa pieuse et tendre mère, et, dans les angoisses de son amour filial, il soupirait après le rendez-vous qui le jetterait dans ses bras... en Dieu. La nostalgie, quel mal! surtout la nostalgie céleste! Après tout, on le conçoit, et vraiment il ne faut que croire pour le sentir, la terre est bien triste... et pour le cœur d'un saint qui a naturellement *le mal du pays céleste*, la mort est désirable, « elle apparaît comme un « gain double, et par ce qu'elle nous ôte et par ce qu'elle nous « donne ».

C'était le cri de saint Paul, l'apôtre persécuté : *quis me liberabit a corpore mortis hujus?* Qui me délivrera de ce corps de mort? C'était le cri du Père Guillaume; résigné, tout à son ardeur, il appelait l'heure sacrée qui le conduirait au martyre et le délivrerait de son enveloppe mortelle, pour le reposer à tout jamais dans le sein de son Dieu.

Cette heure tant désirée approchait à grands pas; mais Dieu réservait encore à notre martyr, avant son départ pour le ciel, des heures bien douces sur la terre. Il avait relevé le P. Vincent de la Croix et ce retour avait été complet, consolant. De concert avec le vénéré Gonçalès, il avait réconforté et réconcilié avec Dieu les catéchistes séculiers qui, au milieu des horreurs des supplices, avaient un instant chancelé. Il ne restait plus qu'un désir dans l'âme du P. Guillaume, faire à Dieu la conquête des deux Japonais, ses compagnons de geôle. Pour eux il avait offert au Ciel et ses souffrances et ses prières : le Ciel se laissa toucher. Le spectacle de tant d'héroïsme, sa résignation au milieu des tortures, la douceur de ses paroles avaient longtemps agité le cœur de ces pauvres criminels que le démon voulait retenir dans ses fers. Mais un jour que le P. Guillaume leur expliquait avec sa bienveillance habituelle les saintes vérités de notre religion et leur parlait de la récompense que le Dieu des chrétiens accorde à ses fidèles serviteurs, les deux Japonais sentirent leurs yeux se mouiller de larmes : « Père, Père, dirent-ils en tombant à « genoux, faites-nous enfants de votre Christ, donnez-nous le « baptême. »

Ce fut au milieu d'actions de grâces et de saints cantiques que l'imposante cérémonie se célébra dans l'étroite prison. Il est des scènes que l'on renonce à décrire... Celle-ci par sa touchante piété était digne des premiers âges de l'Église. Les bienheureux martyrs durent en ce moment s'estimer heureux d'avoir été comme leur divin Maître mis au rang des criminels [1], dès leur entrée en prison, puisque cette circonstance leur avait permis de transformer leurs compagnons de prison en chrétiens convaincus. Aussi oublièrent-ils les angoisses de l'heure présente pour s'associer à la joie des saints néophytes.

A peine l'eau régénératrice eut-elle coulé sur le front des sauvages : *Nunc dimittis, Domine!* s'écria notre héros : maintenant, Seigneur, délivrez-moi. Il fut exaucé. Ce jour-là même, 27 septembre, les généreux confesseurs devaient sortir de leur cachot pour aller à la mort, c'est-à-dire à la délivrance.

Nunc dimittis !

1. Cum sceleratis reputatus est.

Chapitre onzième.

Le Mont-sacré. — Supplice de la fosse. — Mort du P. Courtet.

Le P. Guillaume Courtet et ses vaillants compagnons saluèrent, avec des transports de joie, les satellites du Taïcoum, qui devaient les conduire au supplice. Liés aussitôt, ils furent, à cause de leur grande faiblesse, placés sur des chevaux. Le Japonais lépreux de Méaco ouvrait la marche; il leur avait servi de guide, dit la chronique Castillane, pour leur indiquer les routes du Japon, il devait maintenant les précéder, comme pour les conduire au dernier combat. Après lui, venait le métis Lourenço Luiz. Arrivaient ensuite le Père Vincent de la Croix et le Père Guillaume Courtet, *languissant de corps, mais puissant de cœur*, nous dit l'historien, et *ayant les yeux et les pensées dirigées vers le ciel.* Le Père Michel fermait la marche.

Les martyrs, la moitié de la tête rasée, et la partie gauche du visage souillée d'ocre rouge, pour exciter la dérision des petits enfants et les railleries de la populace, s'avancèrent escortés par la foule. Le cortège était funèbre et imposant ; au son du tamtam retentissant et lugubre, les chevaux avaient pris une marche cadencée. La tourbe en délire, hurlait, battait des mains, insultait avec une joie féroce et sanguinaire, en voyant passer, à travers les principales rues de Nangazaki, les confesseurs de la foi, le corps pantelant, ballottés sur les flancs de leur monture.

Les femmes surtout se faisaient remarquer par leur rage. Où étaient ces vierges modestes, ces chrétiennes dévouées qui dans les précédents martyres avaient escorté de leurs cantiques et de leurs consolations les captifs du Christ ? Dans celui-ci on n'entendait que blasphèmes et imprécations. — Comme l'a dit un pieux auteur, la religion élève la femme au-dessus de son sexe et quelquefois au-dessus du nôtre ; l'impiété, au contraire, la dégrade toujours et la ravale au-dessous même de la nature. Semblables à des bacchantes, ivres de luxure et altérées de carnage, vraies furies, les Japonaises poursuivaient les victimes, la rage au cœur, le blasphème à la bouche. — Nangazaki ne retentissait plus que de clameurs injurieuses, tant cette ville avait été pervertie et tournée contre Dieu par l'apostasie.

Un seul quartier s'inclina, avec respect, devant l'auguste cortège. Ce fut celui des Portugais, qui saluèrent, les larmes aux yeux, les martyrs que l'on conduisait au supplice. Quelques-uns d'entre eux, entraînés par la ferveur que le spectacle faisait naître en leur âme, entonnèrent le premier Psaume de David : « Beatus vir, qui non abiit in concilio « impiorum, et in cathedra pestilentiæ non sedit, etc. Heu- « reux celui qui n'a point marché dans l'assemblée des impies « et qui ne s'est point assis dans la chaire de pestilence, etc. » — *De quoi les patients*, nous disent les annales, *furent fort consolés*. Eux-mêmes, d'ailleurs, chantaient, au milieu des vociférations de la populace furieuse, joyeux de souffrir pour le nom de JÉSUS.

Le P. Courtet surtout était radieux, et la joie débordait de son cœur. Il aurait voulu que le cortège marchât plus vite, afin d'arriver plus tôt sur le théâtre sanglant, où il allait couronner son martyre : « Pauvres Bonghios, disait-il aux satellites qui « l'accompagnaient, vous me faites escorte vers le Paradis ; « si du moins vous pouviez aimer et confesser le Christ, le « Paradis s'ouvrirait aussi devant vous, comme il va s'ouvrir « devant nos âmes ! » — Les Bonghios, qu'avait déjà pénétrés d'admiration, depuis treize jours, l'héroïque vaillance de ces champions de la foi, détournaient le regard, pour cacher une larme, et le cortège poursuivait toujours sa marche lugubre, mais triomphale. Après beaucoup de circuits, il s'engagea enfin dans une rue large et droite, au bout de laquelle on voyait s'élever la colline des martyrs.

« Salut, s'écrièrent d'une voix unanime, en l'apercevant

« nos généreux confesseurs, salut mont sacré ! Salut, porte « du ciel ! »

On était arrivé au lieu du supplice.

C'était à deux portées d'arquebuse, au dehors de la ville, que se dressait la colline saluée par nos héros, lieu sanctifié par les martyrs de 1597, et de 1622, qui avait été déjà et devait être encore le théâtre de nombreuses immolations. C'est sur cette montagne, appelée par les chrétiens la montagne sainte, le mont sacré, vrai Montmartre du Japon, que les Pères dominicains devaient subir le dernier supplice et remporter le triomphe final.

Une estacade enfermait le lieu de l'exécution. De larges fosses, profondes de quelques pieds, en forme de puits, étaient préparées pour le supplice. Au-dessus de chacune d'elles, on voyait une fourche recourbée, destinée à suspendre les patients. Non loin se trouvait une table hérissée de chevilles qui devaient recevoir la tête de ceux qui ne trouveraient pas la mort dans les tourments de la fosse. Les gouverneurs et le juge, revêtus de leurs insignes, siégeaient, entourés de nombreux satellites, sur une éminence opposée à l'entrée, selon la coutume.

Dès que le pieux cortège fut arrivé, le Chéïco, au milieu du silence général, se leva et notifia l'arrêt de condamnation :

« To-Chôgoun-Sama. »

« J'ai voué ces hommes à la mort, parce qu'ils sont venus « des Philippines au Japon, contrairement à mes ordres ; « parce qu'ils sont demeurés sur mes terres, sans ma permis- « sion, et parce qu'ils ont prêché la religion maudite du Christ, « contrairement à ma défense. Je veux qu'ils soient con- « damnés à la fosse, et décapités à Nangazaki. »

« Deo Gratias ! » répondirent les confesseurs.

A peine délié et descendu de cheval, le P. Guillaume Courtet entra le premier dans l'enceinte, suivi de ses quatre compagnons ; avec un empressement que n'aurait pas laissé supposer l'état douloureux de son corps, il se précipita en avant, et, baisant ce sol sacré qu'avait illustré le sang de tant de martyrs, il murmura des paroles pieuses que les anges durent recueillir dans le ciel. Les vaillants athlètes s'embrassèrent généreusement et tombèrent à genoux, pour prier eux aussi, puis, se relevant, ils coururent à leur poteau qu'ils étreignirent avec amour.

Sur un signe du Chéïco, les bourreaux se préparent à faire subir à chacun des martyrs le dernier supplice. Aussitôt les danses commencèrent. Il était d'usage, en effet, que pendant les exécutions capitales, les femmes Japonaises, par un étrange raffinement de malice et d'ironie, exécutassent sur l'emplacement même du supplice, en face des martyrs, une danse effrénée et lubrique, connue sous le nom de *Kiroungo* (1).

Aux sons joyeux du tamtam, des chants obscènes s'élevèrent, et la bacchanale ne tarda pas à provoquer les applaudissements et les rires de la populace. Les Toïcoums espéraient, par cette dernière insulte, lasser la patience des victimes et, par ce satanique contraste de la joie féroce en face des souffrances, assombrir le calme de leur agonie. Par une permission de Dieu, cette parade honteuse tourna une fois encore à la confusion de ses auteurs, en mettant en lumière l'intrépide vaillance de nos martyrs. Aux rires sardoniques, à la joie rageuse, aux chants lubriques des bacchantes, les disciples du Christ opposaient les sourires et les cantiques d'une joie toute céleste.

Les complots de l'enfer échouaient, et comme toujours Dieu était glorifié dans ses saints. Pendant que s'exécutait la hideuse *Kiroungo*, sur ce nouveau calvaire où, comme le divin Maître, ils avaient à subir les sarcasmes de la foule, cet outrage plus cruel que toutes les tortures; le père

1. Cette danse *Kiroungo* est décrite dans la gravure du P. Réchac de Sainte-Marie. On y voit le P. Guillaume Courtet et le P. Michel du Saint-Rosaire au milieu des supplices ; au second plan les danseuses Japonaises, sur une estrade élevée, en face des martyrs et en avant du tribunal du Cheico, exécutent la *Kiroungo*, ci-dessus racontée.

Courtet et ses quatre compagnons subissaient le *supplice de la fosse.*

Ce supplice passe, parmi les Japonais, comme le plus cruel et le plus terrible. Ils suspendent aux fourches les victimes, les mains liées derrière le dos, et les font descendre, la tête en bas, jusqu'au delà de la ceinture, dans les fosses remplies d'immondices. De peur que le sang, en se portant à la tête, ne les étouffe, ils leur serrent fortement le corps avec des bandes ; puis ils ferment l'orifice au moyen de deux planches échancrées qui, en se joignant ensemble, empêchent le jour de pénétrer dans la fosse. D'énormes pierres recouvrent enfin ces planches afin qu'on ne puisse rien entendre de ce que disent les suppliciés, et qu'ils ressentent toute la rigueur de cet affreux tourment.

Le sang des martyrs ne tarda pas à sortir par les yeux, le nez, la bouche et les oreilles. Le visage tuméfié et sanglant, à demi suffoqués par les odeurs infectes, qui s'exhalaient de ces égouts, au milieu de ces souffrances, les confesseurs de la foi n'étaient occupés qu'à bénir Dieu, le suppliant de couronner bientôt leur sacrifice. « Courage, cou« rage, ne cessait de répéter le bienheureux Guillaume étendu « sur son poteau, nous sommes sur l'échelle du Paradis. En« core un peu, et la couronne est à nous. »

Soutenus par la grâce d'En-Haut, les saints religieux puisaient dans leur amour pour Dieu une force surhumaine et chantaient les louanges du Christ, avec une telle ardeur et « d'une voix si forte qu'ils pouvaient s'entendre les uns les « autres, et s'animaient ainsi réciproquement à mourir pour « la gloire de celui qui leur donnait tant de douceurs, pour « tempérer le fiel de leurs tourments, et tant de générosité « pour fortifier leur fragilité humaine [1]. » Leurs voix arrivèrent jusqu'aux oreilles des bourreaux ; se méprenant sur le sens de leurs paroles qu'ils ne comprenaient pas, car les

1. Relation du martyre du P. Courtet, sur le rapport des Japonais, présents à l'exécution, traduit du castillan en français, par les soins de M. de Baraut, ambassadeur de France à Madrid.

patients s'entretenaient en langues latine et espagnole, les Bonghios en donnèrent avis au juge qui aussitôt envoya des interprètes pour les écouter et leur offrir de nouveau la vie, s'ils voulaient renoncer à la foi. « Obéissez au Chéïco : foulez « la croix aux pieds et vous êtes sauvés. »

« Jamais ! répondirent-ils d'une voix unanime, jamais. « Nous sommes en possession de ce que nous n'avons « cessé d'ambitionner, et vous voulez que nous apostasions ! « Non ! Allez, et dites au juge et à tous les Bonghios, que « nous leur demandons pardon de la peine qu'ils prennent « pour nous et des ennuis que nous leur avons donnés, « surtout quand nous étions en prison. » (1) C'était la parole du Sauveur, cri de ralliement des victimes saintes et des âmes crucifiées, qui sortait des lèvres de nos martyrs : « Père, pardonnez-leur, ils ne savent ce qu'ils font. »

« Achevez ; nous prierons pour vous, quand nous serons « là-haut », ajouta le P. Courtet.

Puis les chants recommencèrent joyeux et fervents.

A la vue de tant de courage et de tant de joie, peut-on ne pas se rappeler ces belles paroles du Prophète : « Les élus « n'ont pas craint les coups des bourreaux, quand ils souffraient « pour le nom de JÉSUS-CHRIST ; afin d'avoir part à l'héri- « tage dans la maison de Dieu, ils ont livré leurs corps aux « supplices ? » (2)

Surpris d'une force si invincible, les bourreaux ne pouvaient assez admirer la fermeté de ces chrétiens ; muets d'étonnement, le juge et ses officiers, de leur côté, furent forcés de reconnaître la vertu et la constance de ces vaillants martyrs. — Bien des fois encore, sur l'ordre du Chéïco, les planches se soulevèrent, mais du fond de leurs fosses, les généreux athlètes opposèrent aux Bonghios la même réponse énergique, indomptable : « La mort, et non l'apostasie ! » — « Ces

1. Ibidem.

2. « Verbera carnificum non timuerunt sancti Dei, morientes pro Christi nomine : « ut hæredes fierent in domo Domini, tradiderunt corpora sua ad supplicia. » — *Office des martyrs.*

Martyre du Vénérable Guillaume Courtet.

Reproduction d'une gravure de 1650.

« ténèbres se changeront bientôt en une lumière éblouissante, « disait le P. Guillaume Courtet, et ces infections feront place « aux suaves délices du jardin des élus. »

Toute la nuit, et toute la journée du lendemain se passèrent, pour les martyrs, dans ces affreux supplices, dans ces tortures indescriptibles, inconnues des Néron et des Dioclétien, qui les faisaient mourir d'une mort lente et cruelle.

Au bout de deux jours, le Chôgoun, désespérant d'en avoir raison, et d'ailleurs, impatient de quitter la place, les fit retirer des cinq fosses. Les deux confesseurs séculiers furent trouvés morts et jetés sur le bûcher pour être réduits en cendres. Le P. Vincent de la Croix était si affaibli qu'il avait peine à se soutenir. Le Chéïco prononça la sentence capitale : c'était le dernier échelon qui devait les conduire à la gloire ! Elle fut accueillie avec transport.

Le P. Japonais, trop débile pour demeurer à genoux, tomba à terre et fut ainsi décollé. Sa tête fut plantée dans une des chevilles préparées à cet effet sur la table, vis-à-vis des deux religieux survivants, afin de leur inspirer de l'horreur et de leur arracher enfin le mot d'apostasie !

Inutile stratagème! Le P.Guillaume Courtet et le P. Michel Ozarazza, puisant des forces dans leurs faiblesses, s'embrassèrent une dernière fois avec effusion : « J'aurais encore « beaucoup de choses à vous dire, dit alors le P. Michel à son « pieux compagnon, mais je les réserve pour le ciel, où jamais « nous ne serons séparés ! » Puis, ils tombèrent à genoux, et les mains jointes sur la poitrine, les yeux fixés au ciel, ils tendirent le cou au bourreau. Le P. Michel tomba le premier.

Le tranchant de la hache brillait déjà sur la tête du P. Guillaume : ses lèvres s'entr'ouvrirent pour exhaler une dernière prière : — « Notre-Dame du Rosaire...... s'écriait-il... » A peine avait-il prononcé ces mots que la hache tombait, et sa belle âme montait au ciel achever son cantique d'amour !

Le sacrifice était consommé! Le pieux enfant de saint Dominique avait scellé de son sang, pour le salut des âmes, sa glorieuse mission d'apôtre; il reposait à jamais entre les bras du Dieu pour qui la mort des saints est d'un prix inestimable : *Pretiosa in conspectu Domini mors sanctorum ejus !*

C'était le 29 septembre 1637, en la fête de l'archange saint Michel, patron de l'Église et de la France, vainqueur du démon et de l'enfer !

Les corps de nos saints martyrs furent immédiatement brûlés, et leurs cendres, avec la poussière même qui avait été sanctifiée de leur sang, furent portées et jetées dans la mer, à trois lieues du port de Nangazaki, afin qu'il ne restât aucune relique entre les mains des chrétiens.

Chapitre douzième.

Culte du P. Guillaume Courtet.

A PEINE le P. Guillaume Courtet avait-il arrosé de son sang la terre du Japon, que son glorieux martyre était connu à Manille et en Europe, en France surtout. Sur le témoignage des Japonais et des Portugais, témoins oculaires de ses supplices et de l'héroïsme, avec lequel il les avait endurés, les Pères de la Providence du Saint-Rosaire écrivirent une relation qui, après avoir été sanctionnée par le Provincial, fut envoyée au T. R. P. Nicolas Rodulphe, Général de l'Ordre. Touché par le récit de tant de vertus admirables, le Père Général s'empressa de donner un abrégé de cette relation, daté du 18 novembre 1641, de Sainte-Marie de la Minerve, et ordonna à toutes les communautés Dominicaines, répandues dans le monde entier, de lire cette lettre encyclique, dans laquelle, après avoir comparé notre bienheureux à *un autre Antoine de Padoue (velut alter Antonius Patavinus)*, il affirme que, dans les diverses fonctions que le Père Guillaume remplit, pendant tout le cours de sa vie religieuse, il fut un modèle d'étroite observance. La lettre se terminait par un récit détaillé des diverses phases du martyre (1). Cette relation officielle servit de base à l'introduction de la cause du vénérable Guillaume qui fut faite, quelques années après, en cour de Rome.

Mais déjà la mort admirable du P. Guillaume était connue par delà les mers ; la France en avait tressailli et avec elle toutes les maisons de Saint-Dominique, établies dans ce noble pays.

Le 1er septembre 1641, les élèves en théologie du collège de

1. Voir à la fin de l'ouvrage, la lettre *in extenso* du T. R. P. Nicolas Rodulphe.

Béziers, sous la régence du P. Bouillet, de l'Annonciation de Paris, qui, plus tard, devint prieur d'Amiens (1), dédièrent leurs thèses au grand martyr (2). Le Bienheureux était représenté prosterné à genoux, étendant ses mains hérissées d'aiguilles, et adressant au Seigneur les quatre vers suivants :

Christe, manus roseas stillantes aspice guttas
Quasque tibi gemmas ex Oriente fero ;
Da mihi pro gemmis animas, populique rebellis
Saxea corda, mei sanguinis imbre doma !

Seigneur, voyez le sang, qui coule de mes doigts
Et ces perles d'éclat, à l'Orient ravies ;
Du sang, amollissez tous ces cœurs durs et froids
Des perles, faites-en autant d'âmes choisies !

L'épître dédicatoire des travaux de l'année mérite d'être signalée. Elle est écrite en un style parfois pompeux, mais charmant de candeur et de piété. Les écoliers du collège Dominicain de Béziers, en témoignage de leur vénération affectueuse, la dédièrent à la mémoire de leur illustre compatriote, dont le souvenir était encore vivant parmi eux. Qu'il nous soit permis, malgré sa longueur, de la mettre sous les yeux de nos chers lecteurs et de nos pieuses lectrices ; ils goûteront les uns et les autres un plaisir exquis à la lire. Nous regrettons de ne pouvoir faire passer dans la traduction française le charme et la délicatesse du texte original :

1. Il y avait à Béziers au XVIIe siècle un collège tenu par les Dominicains, à côté du collège fondé par Henri IV. Il se trouvait dans le couvent même des Pères.

2. Les Dominicains de Béziers apportaient beaucoup d'attention à la bonne tenue de leurs écoles. Chaque couvent en était pourvu. L'enseignement de la philosophie et de la théologie y brillait d'un grand éclat, et primait celui des autres sciences dans le champ intellectuel. « Le 10 décembre 1714, le R. P. Andoque, professeur en sainte théologie et prieur du couvent de Béziers, expose aux consuls que, depuis très longtemps, il y a eu dans ce couvent un cours ouvert de théologie, pendant lequel temps des professeurs des dits Frères-Prêcheurs ont enseigné publiquement la théologie, et fait soutenir des thèses générales à leurs écoliers et à divers ecclésiastiques. ». .... Il cite comme professeurs les PP. Laguille, Turpin, Gonneau, Sage et Gousset, l'auteur du *Clypeus theologiæ thomistæ*. « *Bull. archéol.*, 2 série, tom. XIV, 2 livr. *Travail de M. Soucaille*, page 186. »

Au très invincible propagateur de la foi, le R. P. F. Guillaume Courtet, du diocèse de Béziers, de l'Ordre des Frères-Prêcheurs, célèbre lecteur en théologie, qui a eu l'insigne honneur de cueillir la palme du martyre dans le Japon, les élèves en théologie dédient leurs travaux et leurs thèses.

Très sage et digne maître, en combattant vaillamment pour la foi, vous avez mis en relief ce mot d'Augustin: « La vérité des chrétiens est plus belle que l'Hélène des Grecs; pour elle en effet nos martyrs ont lutté avec plus de courage contre la Sodome du monde, que les mille héros ne luttèrent pour la belle Grecque sous les murs de Troie. »

C'est pourquoi nous, vos concitoyens, défenseurs jurés de cette même vérité, mais peu habiles dans les luttes littéraires, nous désirons ardemment vous adopter pour notre chef.

Quel est l'homme qui volontiers ne s'engagerait dans ce combat, sous les auspices de celui qui, pour faire triompher la Religion, a souffert les naufrages, les gibets, le bûcher et les tourments les plus affreux, et préféra *déserter la vie* plutôt que la vérité ?

Qui ne verra avec bonheur et ne voudra avoir pour protecteur cette main, qui, après avoir écrit sa foi sur le papier, a voulu la sceller de son sang? O doigts sacrés, *tout au long* tourmentés par de longues alènes, vous avez distillé une rosée vermeille et empourpré l'Évangile! Oui, bienheureuses ces mains! Non seulement des trois doigts elles ont écrit la théologie avec le noir de l'encre, mais encore elles l'ont scellée en rendant le sang par les dix doigts et par toutes leurs veines!

O trois et quatre fois heureuse,

Invictissimo fidei propagatori R. P. F. Guilhemo Courtet, Bitterensis, ordinis Prædicatorum, Theologiæ prælectori, nuper apud Japonios felicissime laureato, suas istas disputationes commendant Theologiæ canditati.

Sapientissime Magister, qui tuo pro fide certamine fidem nobis fecisti, quam verum sit Magni Augustini effatum : « Pulchrior « est veritas christianorum, « quam Hælena Græcorum; pro « ista enim fortius nostri martyres adversus hanc Sodomam, « quam pro illa mille heroes adversus Troiam dimicarunt. »

Ecce nos, concives tui, ejusdem veritatis equidem amatores, sed militiæ rudes et tyrones, te υπερασπιστεν vehementer optamus.

Quis enim non libenter militet veritati, sub ejus auspiciis, qui pro veritate et naufragia, et suspendia et incendia et omnes carnificinas tulit maluitque desertor vitæ esse quam veritatis?

Quis non illam dextram sibi adjutricem lætus aspiciat, quæ, quam atramento declinaverat doctrinam, suo ipsius denique miniavit? O beatos digitos, qui, longis aciculis per longum adactis cruentati, et rorantes Evangelium purpuraverunt! Beatas, inquam, illas manus, quæ, in scribenda theologia, non solum tribus digitis, sed totis decem, nec solum calamo atramentum, sed etiam venulis reddiderunt!

O ter quaterque fortunatum os

illud, ex quo barbari bis mille aquæ amphoris infundibulo in stomachum ingestis, sanguinem quidem et viscera expresserunt, nullam autem pro mendacio voculam extorserunt!

Sic nempe aquila generosa unguibus et rostro prædam dilacerasti! sic heros invicte et hostili sarcasmo in paganismum expuisti! et illa clava tua, illa, inquam, clavata manu, et aculenta, idola percussisti!

Sic te et verum Alcidem, et verum Bitterensem, qui, ut binis terris ἀλεξίκακος fieres, post lustratas Gallias, Germanias, Hispanias, alium orbem, monstra mendaciorum debellaturus, quæsivisti, et meritis implevisti solis veramque domum.

Favebis igitur, et μακροδάκτυλος effectus, hucusque porriges opem tuam pugilibus, nimirum tuis, adversus errorum monstra, maxime vero Pelagianam Hydram (heu toties succrescentem) decertaturis.

Faxit Deus in laudem gloriæ gratiæ suæ!

cette bouche! Par elle les barbares ont introduit dans son sein deux mille amphores d'eau, par elle ils en ont fait sortir le sang et les entrailles, sans pouvoir lui arracher un seul mot de mensonge!

Comme l'aigle courageux de ses serres et de son bec lacère sa proie, ainsi, héros invaincu, vous avez combattu le paganisme, et l'avez livré à l'opprobre et au mépris, et de vos alènes, de ces mêmes alènes, qui clouaient vos mains, vous avez frappé les idoles.

En véritable Hercule, en vrai Bitterois (qui, pour mériter son nom, doit être issu de deux terres) vous êtes allé, après avoir parcouru les Gaules, les Flandres et l'Espagne, chercher une autre contrée, pour y combattre les monstres du mensonge, remplissant votre vraie patrie de vos bienfaits.

Vous nous protégerez, et maintenant que vos bras sont devenus plus longs par les alènes qui ont dilaté vos doigts, vous les étendrez sur nous, heureux de nous dire vos élèves, afin que nous ayons, à l'avenir, la force de combattre l'erreur et surtout l'Hydre Pélagienne (sans cesse, hélas! renaissante.)

Dieu le veuille pour glorifier les œuvres de sa grâce!

Les écoliers de Béziers avaient donné l'élan. A leur exemple, les collèges et les couvents de l'Ordre de Saint-Dominique célébrèrent, à l'envi, la mémoire du saint martyr, et son culte se répandit peu à peu, non seulement dans le Languedoc, et dans toutes les villes où le P. Guillaume Courtet avait laissé des souvenirs, comme étudiant, religieux ou lecteur en théologie, mais encore chez tous les dévots enfants, disciples ou admirateurs de saint Dominique. C'était la France catholique qui saluait avec fierté et respect ce vaillant apôtre, le premier d'entre tous les Français, qui était allé porter sur la terre inhospitalière du Japon, avec la foi du Christ, l'amour de la nation française.

En même temps que le culte du P. Guillaume trouvait des admirateurs, il suscitait des biographes.

Après le rapport officiel, envoyé par le R. P. Général, Nicolas Rodulphe, à toutes les maisons de son ordre, d'autres rapports, notices et biographies publièrent et célébrèrent la mémoire du martyr de Nangazaki. Le comte de Barraut, ambassadeur de France en Espagne, le même dont le P. Courtet avait été le directeur pendant son séjour à Madrid, s'occupa de faire traduire en français la Relation castillane, faite sur le témoignage des Japonais et des Portugais, qui assistèrent à sa mort. Ce livre, qu'avaient en leur possession les Dominicains de Madrid, il l'envoya en France, où il se trouve encore dans la Bibliothèque Nationale (Paris).

A la même époque (1641) Gonçalès, Provincial de Manille, continuait les notes biographiques, que le P. Aduarte, évêque de la Nouvelle Ségovie, au nord des îles Philippines avait consacrées au P. Guillaume, et écrivait la relation de son martyre. Son caractère, sa position, le milieu où il vivait, tout le rend le mieux informé de ceux qui ont écrit sur notre héros, et il s'est acquitté de sa pieuse tâche avec un tact et une précision remarquable. — A son tour le P. de Réchac, dit de Sainte-Marie, composait sur la vie et le martyre de Guillaume Courtet, quelques pages empreintes d'une judicieuse piété.

D'autres historiens français et étrangers se sont occupés de notre saint et ont eu à cœur d'en raviver le souvenir. Nous ne saurions ne pas mentionner l'œuvre délicate, qu'un pieux descendant de la famille de notre héros, Monsieur Jules Courtet, ancien sous-préfet de l'empire, a consacrée à la mémoire de son illustre parent. Ce modeste mais pieux monument élevé en l'honneur du saint religieux, est un témoignage on ne peut plus sensible des nobles et généreux sentiments qui animent la famille des Courtet. La tutélaire protection du Vénérable Guillaume plane sur elle et la bénit.

Alexandre Courtet d'Avignon, fils du savant biographe et le peintre Courtet de Paris, sont les seuls survivants de la branche paternelle, mais les Jammes, les Sahuc, les Azaïs, les Mandeville, les Reboul, les Devillac, les Durand perpétuent et maintiennent avec loyauté à Sérignan, Nissan, Béziers, Maraussan, Lieuran et Caux les nobles et glorieuses traditions d'honneur et de piété, qui se sont transmises, comme un héritage sacré, dans leur opulente maison.

Aussi conservent-ils, avec la mémoire du saint martyr et les pieuses traditions de famille tout ce qui leur rappelle son souvenir et leur parle de sa vertu. Les deux portraits (1) qui restent du P. Guillaume sont l'objet d'une vénération religieuse à Nissan chez Monsieur Émile Sahuc, et à Beziers, dans l'estimable famille des Mandeville. Un culte d'affectueuse confiance est rendu aux traits vénérés du saint martyr.

Un souvenir bien plus précieux, car il touche de plus près à la mémoire du Vénérable Courtet, nous a été conservé. C'est un crucifix renfermant la relique de la vraie croix. Comme on le présentait au docteur Lacroix de Béziers, quelques instants avant sa mort : « Je le reconnais, s'écria l'illustre et pieux pra-

1. Le tableau qui se trouvait, il y a quelques mois, chez Mlle Mandeville, belle-sœur de Madame Azaïs, de Béziers, est un peu endommagé. Il représente le P. Courtet, de grandeur naturelle, avec sa robe et son manteau Dominicain. Il a les yeux levés au ciel, et tient, dans sa main droite, un crucifix, dans sa main gauche une palme. Dans un des coins du tableau, apparait, dans les nuages, la Vierge du Rosaire, portant l'Enfant JÉSUS entre ses bras : au-dessus de la tête on voit un ange avec une couronne. Au bas du tableau, à droite et à gauche, sont représentées les diverses phases de son martyre. On lit au-dessous : *Le Bienheureux P. Courtet, dominicain, martyrisé au Japon le 29 septembre 1637.* Une copie de ce portrait se trouve dans la sacristie de Maraussan.

Ce tableau, ainsi que celui qu'on voit à Nissan, furent envoyés peu après son martyre ; mais par qui et de quel pays ? On l'ignore. Comment se fait-il que ces tableaux ne se trouvent que dans la famille maternelle de Guillaume Courtet ? Voici ce que l'on pourrait supposer. Le Général des Frères-Prêcheurs envoya à Sérignan les deux portraits du vénérable Martyr, qui était devenu une glorieuse illustration pour son pays, et les deux tableaux finirent par être la possession des parents maternels, ceux du nom de Courtet ayant déjà quitté le pays pour s'établir au château de Gallargues, comme le constate un arrêt du parlement de Toulouse du 23 juin 1786 confirmant une sentence du sénéchal de Montpellier, du 29 avril 1785.

Les portraits durent naturellement échoir aux parents qui restaient dans la localité. (Documents de famille.)

ticien, c'est la croix du Père Courtet! » C'était en effet la croix que notre saint portait sur lui au cours de ses missions. Elle était passée des mains de mademoiselle Victorine Jammes entre celles du savant docteur.

Il reste encore un témoignage imposant et que nous serions coupables de passer sous silence. L'illustre Lacordaire, fidèle admirateur de toutes les gloires de son ordre, avait une prédilection spéciale pour le culte du Vénérable Guillaume. Jusqu'à son lit de mort une photographie du martyr, reproduction d'une gravure en taille douce de l'ouvrage du P. de Sainte-Marie ([1]), est restée continuellement au-dessus de son prie-Dieu. Dans une de ses lettres, il disait à l'ami de qui il tenait cette pieuse photographie : « Adieu, Monsieur et « cher ami, j'ai placé dans ma chambre, sous la sainte Vierge, « votre cher martyr... Je le prie pour *lui* ([2]) et pour tous les autres. »

En proie aux souffrances qui devaient le conduire au tombeau, le savant Dominicain ne cessait d'invoquer le vénérable Guillaume. Sur sa demande, le 11 novembre 1861, fut commencée, à Sorrèze et dans tous les couvents dominicains de France, une neuvaine pour demander au martyr la grâce de sa guérison. Le P. Lacordaire expira le 21 novembre, fête de la Présentation, à 9 heures du soir, le jour même de la clôture de la neuvaine.

Le matin de ce jour, le T. R. P. Saudrau, Provincial

1. Cette gravure se trouve à la page 565 du tome III ; au bas est l'inscription suivante entourant un blason : « Ven. P. F. Guillemus Courtet,... Bitterensis... et P. F. Michaël Ozarazza Cantaber... apud Japonios ingressi et deprehensi varia et inaudita subiere tormenta, spacio 15 dierum, tandem anno 1637, die 29 sept. post amphoras aquæ bis mille vicibus iteratis epotas, post acutas sudes extremis infixas digitis, et biduanam a furca suspensionem inverso capite, gladio cadente martyrii coronam adepti sunt. » A la très vénérable mère Catherine des Portes, très digne abbesse de Saint-Cyr, de l'observance régulière de Saint-Benoit, en faveur de sa dévotion au Saint-Rosaire tant perpétuel qu'ordinaire de la sainte Vierge, que le P. Courtet réclamait sans cesse dans ses plus atroces tourments au Japon. »

La photographie, reproduction de cette gravure, devint, après la mort de Lacordaire, la propriété de Mgr de Cabrières, évêque de Montpellier, qui, par une exquise attention, a voulu en faire don à l'auteur de cet ouvrage.

2. La pensée du P. Lacordaire, priant pour le P. Courtet, était de demander à Dieu qu'il voulût bien le placer sur les autels.

nouvellement élu, devait se rendre à Sérignan, pour y célébrer le saint sacrifice, mais le P. Lacordaire, dont l'état s'était amélioré, pendant les premiers jours de la neuvaine, était retombé très malade à partir du 18 novembre, et le P. Saudrau, retenu auprès de lui, ne put exécuter son dessein. La messe fut célébrée dans le sanctuaire de Notre-Dame de Grâce, en présence de plusieurs amis du grand Dominicain. C'était le ciel et non la santé que notre saint avait obtenu à l'illustre restaurateur de l'ordre.

Il est probable, dit l'auteur de la notice, que s'il avait vécu, il eût écrit la biographie du P. Courtet, avec cette onction chrétienne et cette chaleureuse éloquence qui caractérisent si bien les œuvres de son génie.

Le P. Courtet dont le souvenir excitait tant d'enthousiastes vénérations chez les écrivains, les pieux descendants de sa famille, et tous les membres de l'ordre dominicain, devait nécessairement trouver des admirateurs dévoués et passionnés dans son pays natal. — Sérignan n'a pas failli à son devoir. Depuis déjà plus de deux siècles, il se glorifie d'avoir donné le jour à un saint, à un martyr. — Les Sérignanais le prient et l'invoquent avec dévotion ; ils aiment à ressusciter et à rappeler tout ce qui se rattache à sa vie et à son culte. Ils sont heureux de saluer la croix qui porte son nom, et la maison qui l'a vu grandir [1]. La sainteté et les glorieuses souffrances de son martyr excitent leur piété et leur confiance à ce point qu'une tradition respectable leur fait vénérer et invoquer le glorieux *supplicié des alènes* pour la guérison des maux de doigt [2]. Cette pratique naïve, qu'on ne saurait trouver indigne de la piété chrétienne, est un modeste mais sensible témoignage de la vénération Sérignanaise pour l'illustre martyr.

Les yeux fixés sur la glorieuse figure de ce héros de la foi, leur compatriote et leur parent, les habitants de Sérignan,

1. La maison berceau de Guillaume se trouve dans la rue de l'Hospice.

2. Les Sérignanais ont adopté, dans leur langage, une formule naïve pour implorer le Vén. Martyr.

« Benhérous Courtet, guérissé-mé del maou dé det. »

en dépit des égarements et des défaillances qui sont venus ternir, par moments, leur antique renom d'honneur et de loyauté, sont restés fidèles à leurs traditions de foi. Le Vénérable Guillaume, du sein du bonheur éternel, jette sur eux un regard de tendresse, et, en attendant que l'Église donne une place sur ses autels à ce vaillant apôtre, à ce généreux martyr, leur cœur et leur foi l'ont déjà sanctifié, et rendu à sa mémoire un culte d'amour, de confiance et de vénération.

Chapitre treizième.

Conclusion : après l'œuvre de l'enfer, l'œuvre de Dieu. — Le catholicisme au Japon. — Le P. Guillaume Courtet et la France.

Le farouche To-Chôgoun-Sama, l'inventeur du supplice des alènes et de la fosse, avait rêvé, dans le délire de sa haine, la destruction complète du christianisme au Japon. Pour atteindre ce but, il multiplia les exécutions, dépassant par les raffinements de sa cruauté tous les Chôgouns, ses prédécesseurs ; il alla même jusqu'à fermer totalement les portes de son empire aux étrangers, pensant opposer ainsi une barrière infranchissable à la religion du Christ, qu'il ne connut jamais que par le généreux et intrépide dévoûment de ses missionnaires. L'enfer paraissait triompher. Deux siècles, en effet, s'étaient écoulés depuis le martyre de 1637, et les bonzes chantaient encore victoire. « Ils avaient pu, disaient-ils, grâce à l'énergie « de To-Chôgoun-Sama, reconquérir définitivement sur l'Évan- « gile le terrain qu'ils avaient perdu depuis François-Xavier. » Les insensés ! ils ne savaient pas que là, où coule le sang chrétien, l'arbre de la croix jette de profondes racines. Dieu, en effet, ne pouvait pas permettre que tant de héros fussent tombés en vain pour sa cause, et qu'en vain, au prix de leur vie, ils eussent prêché son évangile à ces populations sauvages. Ce qui arriva, pendant les grandes persécutions, dans l'empire Romain, se produisit, avec le même déploiement d'héroïsmes, sur la terre du Japon. En dépit de la surveillance la plus rigoureuse, devant les menaces, la prison, les tortures et la mort, un grand nombre d'indigènes, des familles et des villages entiers conservèrent intact le précieux dépôt de la foi. La bouche auguste de Pie IX proclama ce fait mémorable en face du monde étonné, et les missionnaires l'ont consigné dans leurs annales :

« J'ai parcouru un village, écrit un religieux arrivé au « Japon en 1864, où je n'ai trouvé aucun livre, et néanmoins « la plupart des habitants savaient par cœur l'Oraison Domi-« nicale, la Salutation Angélique, le Symbole des Apôtres, le « Confiteor, le Salve Regina, etc.— Une famille possédait une « image représentant la Vierge du Rosaire, qu'elle croyait « avoir appartenu aux anciens missionnaires, et autour de « cette image se groupaient en secret, et à certains jours, les « gens de l'endroit et même des environs. »

Ce beau spectacle que le ciel prenait soin de cacher aux regards des Bonzes, se reproduisait surtout dans les hameaux perdus au milieu des montagnes. C'était déjà l'Église Japonaise dans son germe, pauvre et petite, sans prêtres, sans autels, se cachant comme son aînée dans les catacombes, mais portant comme elle, dans son sein, un ferment divin d'où bientôt allait jaillir une moisson de merveilles et de vertus !

L'heure de la résurrection approchait qui allait renverser l'œuvre du tyran et changer en défaite le triomphe des bonzes. Elle commença à sonner en l'année 1854. Alors les États-Unis, pour lesquels, comme d'ailleurs pour le reste du monde, le Japon avait cessé d'exister, envoyèrent une flotte nombreuse, décidée à lever par la force le blocus de ses ports. On n'eut pas besoin de combattre : « tout à coup s'accomplit « une révolution imprévue, si complète, qu'on ne peut l'at-« tribuer qu'à une intervention directe de la Providence. Le « Japon rouvrit ses portes. Il les rouvrit à l'Amérique, à « l'Angleterre et à leurs ballots de marchandises. Après « quoi, dit M. Villefranche, il lui fut impossible de les refer-« mer à la France et à l'Évangile (1). »

La brèche était faite ; l'édifice allait crouler sous les coups redoublés de la justice divine. Le 23 août 1856, une première convention fut signée entre le Japon et la Hollande, et ratifiée le 16 octobre 1857, d'après laquelle le gouvernement Japonais s'engageait à abolir la coutume, qu'elle avait jusque-là imposée aux traficants hollandais, de fouler aux pieds l'image du Christ. L'année suivante, 1858, un second traité fut con-

1. M. Villefranche, *Vie de Pie IX.*

clu qui assurait à nos compatriotes le libre exercice de la religion catholique sur toutes les terres du Japon.

Or pendant que les peuples étrangers, instruments de la justice divine, renversaient pièce par pièce l'œuvre de haine de

PIE IX.

To-Chôgoun-Sama et de ses successeurs, l'Église, jalouse de la gloire de ses saints, glorifiait Pierre-Baptiste, Paul de Miki et leurs compagnons ; c'était le beau jour de la Pentecôte, 1862 ; le Pontife Pie IX, d'illustre et sainte mémoire, en présence de trois cents archevêques et évêques, accourus de tous les points de la catholicité, accordait le culte des autels à ces valeureux martyrs de 1597.

Le ciel paraissait attendre cette réparation solennelle, qui vengeait la mort des confesseurs du Christ; elle fut le signal du réveil pour la nation japonaise. Dès l'année 1866, les missionnaires pénétrèrent de nouveau au Japon, et forts, cette fois, de la protection des lois, en dépit de toute espèce d'entraves, ils purent y restaurer, d'une manière définitive, les doctrines de l'Évangile [1]. Intrépide fut l'ardeur des apôtres, non moins indomptable la générosité des néophytes.

Il y a plus encore :

A l'heure présente, en cette année 1890, sous les glorieux auspices de Sa Sainteté Léon XIII, entourés de leurs quarante mille chrétiens, au milieu d'un déploiement de pompe extraordinaire, les évêques des quatre diocèses du Japon célèbrent à Nangazaki, dans le sanctuaire des vingt-six Bienheureux Martyrs, à l'endroit même où tomba le vénérable Courtet, le vingt-cinquième anniversaire de la résurrection de leur Église.

Ces noces d'argent, qui rappellent le retour à la foi de la

1. Mgr Petit-Jean raconte qu'un jour il venait de célébrer le saint sacrifice de la messe. Des habitants d'un gros village de la banlieue, nommé Ourakami, s'approchèrent de lui, la crainte et la joie peintes sur le visage, et lui adressèrent deux questions : « Avez-vous renoncé au mariage, vous et vos prêtres, et honorez-vous la « Mère du Christ par vos prières? » Sur la réponse affirmative du missionnaire, les Japonais tombèrent à genoux et s'écrièrent : « Vous êtes bien les disciples de saint « François-Xavier, notre premier apôtre; vous êtes bien les confrères légitimes des « anciens Jésuites. Enfin après deux cents ans passés, nous revoyons les prêtres de la « vraie foi, » et ils remercièrent Dieu, en versant des larmes auxquelles le missionnaire mêlait les siennes.

— « La Religion, ajoutèrent-ils, n'est libre que pour les étrangers; la loi n'a pas « cessé de nous punir de mort, nous autres catholiques japonais, mais n'importe, « recevez-nous, instruisez-nous; le temps et l'absence de livres ont peut-être défiguré « dans nos mémoires les enseignements de la vérité; il arrivera de nous ce que le bon « Dieu voudra. »

Les missionnaires eurent beau agir avec prudence; le mystère de leurs relations avec les indigènes fut révélé à la police locale, et plus de 4000 personnes d'Ourakami furent arrêtées, bâtonnées et transportées dans le Nord. Leur séquestration dura plusieurs années; — beaucoup y périrent, peu faiblirent dans la foi. Leurs débris furent rapatriés enfin, lorsqu'ils eurent lassé la patience des bourreaux. — Et, grâce aux représentations des consuls européens, la liberté religieuse fut accordée aussi bien aux indigènes qu'aux étrangers. VILLEFRANCHE, *Vie de Pie IX*, 479.

Une loi, ajoute l'auteur de la notice, Jules Courtet, solennellement promulguée au mois de mars 1868, déclare que « toute insulte faite à des étrangers dans l'empire du « Japon, serait considérée et punie comme un crime de la plus haute gravité entraînant une peine infamante ». Là, comme ailleurs, comme partout, la liberté ne peut qu'être favorable aux progrès de la Religion. » J. COURTET, 49.

chrétienté japonaise, ne sont-elles pas encore et surtout la glorification solennelle de cette période merveilleuse, illustrée par l'héroïsme de tant de missionnaires et l'immolation de tant de martyrs?

Ce jubilé imposant ne fait-il pas revivre, comme une con-

LÉON XIII.

sécration des splendeurs du présent, les merveilles inoubliables du passé?

Ce spectacle, enfin, émouvant et consolant, ne dit-il rien à nos cœurs de Français et ne nous parle-t-il pas de la grandeur et des destinées de notre chère patrie?

Oui, qu'il soit permis à notre patriotisme de reconnaître encore ici le doigt de Dieu qui aime les Francs.

Pendant près d'un siècle, nous l'avons vu, les apôtres du Christ avaient évangélisé les terres du Japon; l'Italie, l'Espagne, le Portugal, le Japon lui-même, avaient envoyé leurs enfants combattre l'erreur et propager le règne de l'Évangile.— Seule, la France, qui a sa place marquée dans toutes les œuvres de la Providence, n'avait pas répondu à l'appel. Seul, le sang français n'avait pas encore cimenté l'édifice du Christ au Japon, et Dieu semblait attendre!

A la suite de la glorieuse phalange de ses frères dans l'apostolat, le vénérable P. Courtet arrive sur la terre infidèle, et au nom de l'Église et de la mère-patrie donne à la religion le double témoignage de son amour et de son sang.

Les desseins de Dieu étaient accomplis! La France dut comprendre que l'un des siens était tombé, là-bas, au champ de l'honneur et du sacrifice, et que le sang français ne saurait couler en vain au service de la Croix. Aussi, lorsque, plus tard, pour la terre japonaise longtemps veuve de ses croyants, de ses apôtres et de ses martyrs, sonna l'heure de reprendre place dans la grande famille catholique, ce fut les nobles couleurs de la nation française que l'on vit flotter à côté de la Croix. — Disons-le à son éternel honneur, c'est notre patrie qui, la première entre toutes les nations catholiques, en 1860, revendiqua au Japon les droits du Christ et de la civilisation. C'est elle qui par son action, plus efficace que les traités de commerce de l'Amérique et de l'Angleterre, a préparé les voies au règne de l'Évangile; et protégés par le drapeau français, les Furet, les Petit-Jean, les Laucaigne, les Cousin, etc., ont vaillamment défendu la cause de la vérité et maintenu bien haut les nobles traditions de la Patrie!

Messagère du Christ, la France a toujours été son héraut dans le monde : elle a su être son martyr. Le titre de fille aînée de l'Église a été, pour elle, la plus glorieuse des récompenses, comme la plus sûre des protections; et si Plutarque a eu raison d'appeler l'âme « l'outil de Dieu », ne peut-on pas en dire autant de la France? N'a-t-elle pas fait de grandes et magnifiques œuvres? N'a-t-elle pas, partout et toujours, par ses saints, ses héros et ses martyrs, accompli les « gestes du Christ » à travers les nations?

Ne désespérons donc pas, même en face des épreuves et des châtiments. Les ruines ont beau s'entasser : les ruines ne sont pas un tombeau. Nous sommes trop imprégnés d'atmosphère religieuse, trop pétris de catholicisme; il reste encore trop de sève dans les veines de cette patrie ensanglantée, pour que nous n'ayons pas droit d'espérer, pour bientôt, un avenir de régénération et de salut.

Dieu ne rejette jamais entièrement ceux à qui il a donné une mission si générale et si grande; il leur fournit toujours les moyens de se relever de leurs chutes et de poursuivre leurs destinées. Il suffit à ces nations qu'elles ne se dérobent pas à ce que la Providence attend d'elles.

Pour garder et reconquérir la première place dans le monde, la France n'a qu'à regarder derrière elle; ce qu'elle a été et ce qu'elle a fait est la garantie de ce qu'elle peut être et faire.

Elle a assez de forces vitales en son sein pour ressusciter ce passé glorieux, et surtout assez d'influences sur le cœur du Christ, assez d'intercesseurs et de puissants avocats dans le ciel.

Le modeste héros, dont nous venons d'esquisser la vie, n'est pas, nous osons le croire, le moins jaloux de la gloire de sa chère Patrie d'ici-bas, et lui qui, le premier d'entre les Français, est allé verser son sang pour le Christ et la civilisation, sur les terres japonaises, continuera de montrer à ses compatriotes la voie du devoir et du sacrifice.

En attendant, et nous attendons ce jour avec confiance, que sa cause introduite depuis longtemps à Rome soit favorablement accueillie, et que les honneurs de la béatification soient décernés au vénérable martyr par l'Église, qu'il nous soit permis de lui adresser une prière toute pleine de religieuse et patriotique confiance, et d'appeler sa protection puissante sur ses compatriotes, pour que, à son exemple, ils sachent vivre et mourir en chrétiens inébranlables; et sur le Japon, sa seconde patrie, afin que cette nation vaillante que, dans leur sympathique admiration, la politique, les arts et les lettres se sont complus à appeler la *France de l'Orient*, sache justifier son titre glorieux et par sa générosité, ses catholiques croyances, dignement représenter sa sœur aînée, la *France de l'Europe;* et sur la France enfin, notre bien-aimé pays, pour que, fidèle à ses traditions d'honneur, elle poursuive, à travers le monde, sa noble et sublime mission de civilisation et de paix, au service de l'Église et du Christ!

(Gesta Dei per Francos.)

Sérignan, le 29 septembre 1890,
jour anniversaire du martyre de G. Courtet.

SOURCES HISTORIQUES
DE LA
Vie du Vénérable G. Courtet.

1° — Lettre du P. Général Nicolas Rodulphe à l'occasion du martyre de Guillaume Courtet, religieux Dominicain, à toutes les communautés de l'Ordre.

« F. Guillelmus Courtet natus Bitteris in Occitania, cum adhuc « teneræ esset ætatis, audito martyrio FF. nostrorum in Japonia, « velut alter Antonius Patavinus, Religionis et Martyrii desiderio « incensus, sacrum ordinis habitum suscepit e manibus venerabilis « P. Fratris Sebastiani Michaelis (cujus memoria semper in benedi- « ctione erit, qui tunc temporis congregationis S. Ludovici funda- « menta jaciebat : ex qua tot tantosque fructus Religio hactenus « reportavit, et Regularis Observantiæ splendorem, quo Gallia fulget, « ortum habuisse dignoscimus), et transactis in eadem congregatione « pluribus annis, quibus officio lectoris, aliisque pluribus perfunctus, « exacta nostrum Legum et constitutionum observantia, cæteris non « inferior, in Hispaniam profectus : inde, prima data opportunitate, « cum nostra benedictione, una cum aliis pluribus ad Provinciam « Philippinarum porrexit. Nec annum integrum in ea commoratus, « nobis in sua ultima Epistola, hæc subjungit :

« Non tamen est abbreviata manus Domini : siquidem hodie « occultissime præparato navigio Japoniam læti digredimur quatuor « Religiosi, etc.

« Datum Manilæ, 10 Junii 1636. »

« Die 11 Septembris 1637, civitatem de Nangasacho cum sociis « ingressus ante præsidem cum pluribus aliis sistitur a quo inter- « rogatus ipse cum aliis, libere professi sunt se Christianos esse et « Ordinis Sti Dominici alumnos, qui, desiderio salutis proximorum, « eo venerunt. Et subjungentibus Judicibus temerariam cogitatio- « nem fuisse, responderunt Fratres se suo desiderio omnino frus- « tratos non esse cum hoc exemplo fideles, qui in Japonia essent, in « Fide confirmarentur, cernentes Christianorum charitatem, quæ « non obstante periculo mortis, proximorum saluti consuleret.

« His plurimisque aliis peractis ad locum tormentorum ducuntur « Venerabiles illi Confessores, ubi primum tormentum subiere hac « inaudita carnificum arte. Instrumento quodam non dissimili illi « quo solent dolia repleri, in os Martyrum immisso, tantum aquæ « eos deglutire cogebant, donec repleti vix non suffocarentur : quo « facto tumentes et semi-mortuos humi jacentes superimpositis

« asseribus, carnifices, paribusque conatibus ac calcantium in torcu-
« lari, Martyrum corpora premebant, nescientes miseri quid face-
« rent; sic enim Fratres nostri similes Christo, qui torcular calcavit
« solus, adimplebant, ex apostolo, quæ deerant Passioni ejus.

« Sequenti die eidem tormento traduntur Martyres tota die non
« sine miraculo, Deo illis vitam et vires subministrante. Postea sedere
« jubentur : manibus in modum crucis aptatis, tenui ferro acuto et
« oblongo, instar acus, qua mulieres uti solent ad ornandos discer-
« nendosque capillos, singulos digitos, inter unguem et carnem,
« adeo acriter perforabant, ut ferrum usque ad articulos digitorum
« perveniret, ibique fixum hæret : et pro numero digitorum totidem
« multiplicatis et defixis acubus manus Martyrum a carnificibus
« vehementioribus ictibus collidebantur, ut ad augendum supplicium
« carnifices adhibito ligno sursum, deorsum, variis et multiplicatis
« ictibus, quasi cithara luderent acubus Fratrum digitis defixis ut
« nervis et cordis utebantur. Sed cantabant sancti canticum novum,
« et resonabant voces eorum, quasi citharedorum citharizantium in
« citharis suis : cantusque eorum judicum et carnificum licet atro-
« cissimorum pectora emollivit.

« Postera die, pari aquæ tormento cruciati sunt : et pedibus in
« aera suspensis, immersis capitibus in piscinam, quæ subtus erat
« tamdiu sic relicti sunt, donec submersi essent et suffocati. Sed
« aquæ multæ non poterant extinguere charitatem, et aqua divina,
« quæ in ipsis erat, saliebat in vitam æternam.

« Tandem post aliquos dies ducti sunt ad ultimum supplicium, et
« quia F. *Guillelmus Courtet* adeo corpore debilis erat, ut vix equo
« insedere posset, luminibus tamen in cœlum defixis, quo properabat
« ultimus omnium, ducebatur usque ad montem tot Christianorum
« sanguine consecratum. Ibi pro numero Martyrum totidem foveæ
« et unicuique furca supererecta cernebatur, non alta pro more, sed
« submissa, ita ut Martyris pedibus revinctis, caput et medium
« corpus in fovea lateret. Binis deinde os obstruunt asseribus quæ
« ad invicem compactæ corpus validissime comprimerent imponen-
« tesque asseribus lapides, quibus naturale pondus capitis cætero-
« rumque membrorum augeretur : disruptis visceribus, sanguis
« atque humores in caput impulsi ex oris et naribus Martyris inex-
« plicabili dolore erumpebat. Infixi sane in limo profundi, sed
« descendebat spiritus Christi in foveam et in vinculis non derelin-
« quebat eos, in quo supplicio horrendissimo tota hac et sequenti
« die manserunt. Et cum eorum confusæ voces audirentur, interro-
« gati per interpretem, responderunt nihil illis optandum ultra
« remanere, qui omne quod desiderari potest brevi essent asse-
« cuturi.

« Extracti tandem, et mortuis aliis, Fr. Guillelmus Courtet, et duo
« alii Fratres nostri adhuc vivi reperti, gladio sunt animadversi,

« eorumque corpora cremata, cineresque et terra illorum sanguine « conspersa, tribus leucis e portu fuerunt in mare projecta, eadem « die 29 septembris 1637. »

Cette lettre fut écrite par le R. P. Nicolas Rodulphe en 1641, sur le rapport que les Pères de la province de Manille lui firent du martyre du vénérable Guillaume Courtet.

2° — (*Historia de la provincia del Santo-Rosario de la Orden de predicatores en Filippinas, Japon y China por el reverendissimo don Fray Diego Aduarte, Obispo de la Nueva Segovia. Anadida por el mey R. P. F. Domingo Gonçalez, commissario du santo officio, etc. etc. Manila, in collegio Santo-Thomas 1640*, in-f°. —) Une deuxième édition de Sarragosse en 1693 (celle qui nous a servi) T. I, livre 2, cap. 60 et 61.

Bien que, selon l'usage, nous ayons cité le P. Aduarte, la Relation du martyre de notre bienheureux est de son continuateur, le P. Dominique Gonçalès. Aduarte, qui était évêque de la Nouvelle-Ségovie, au nord de l'île de Manille, aurait été parfaitement en mesure de relater les faits; mais il mourut au mois d'août 1637, tandis que Dominique Gonçalès, régent, puis prieur du couvent de Manille, n'y mourut que le 5 novembre 1647. Sa relation, qu'on a imprimée, à la suite de l'*Historia* du P. Aduarte est intitulée : *Relacion del martyrio de F. Antonio Gonçalès, F. Guillelmo Courtet, F. Miguel de Ozaraza, y Vicente de la Cruz, religiosos Dominicos, y de los companeros seglares que padecieron in Japon ano* MDCXXXVII, *Matriti, Didaci Diat.* 1639, in-4°. — Ce fut l'édition primitive; l'année d'après, elle servit de complément à l'ouvrage du P. Aduarte.

C'est surtout cet ouvrage qui nous a inspiré la pensée de faire les recherches sur son voyage dans le nord de la France, les Flandres et l'Espagne, et ses missions diplomatiques.

3° — « *Relation*, envoyée nouvellement des Indes, de la mort glorieuse du R. P. Guillaume Courtet, natif de Languedoc, religieux de l'Ordre des Frères-Prêcheurs, et d'autres trois Pères du mesme ordre, et de deux Japonais, occis cruellement dans le Japon pour la confession de la foy.

Cette Relation fut traduite du castillan en français par les soins de monsieur le comte de Baraut, chevalier des ordres du roi, précédemment gouverneur et lieutenant-général en son comté de Foix, puis ambassadeur à Madrid, où il devint le pénitent du P. Guillaume. Elle a été imprimée à Toulose (imprimerie de P. d'Estey, à l'enseigne de la *Presse d'or*, près le collège de Foix M.D.C.XXXXI. — On la trouve aujourd'hui dans la Bibliothèque Nationale à Paris, tom. 9, p. 452. — 5040. (Courtet.)

Comme elle fut composée sur le rapport des Japonais et des Portugais, témoins oculaires du martyre du P. Guillaume, et par les soins de M. de Baraut, qui avait connu dans l'intimité notre héros, cette Relation donne sur sa vie et sur sa mort les détails les plus précieux.

4° — *Les vies et actions mémorables des saints, bienheureux et autres illustres personnages de l'Ordre des Frères-Prêcheurs*, par le R. P. Jean de Rechac, dit Sainte-Marie, de l'Ordre des Frères-Prêcheurs, profès du couvent de l'Annonciade, dit des Pères Jacobins réformés, de la rue Neuve Saint-Honoré à Paris, enrichies de figures en taille douce. L'ouvrage se compose de cinq volumes, avec privilège, approbation et permission du Général. Imprimerie Sébastien Hure, rue Saint-Jacques au Cœur-Bon, M.DC.L. — Au tome III, on lit : Du très illustre martyr de J.-C., au royaume du Japon, le B. Guillaume Courtet.

Les chapitres X, XI, XII de ce tome parlent tout au long du P. Courtet, et nous font connaître sa vie régulière, les mortifications et les macérations, auxquelles il livrait son corps, pour faire l'apprentissage du martyre.

5° — *L'année dominicaine ou vie des saints, bienheureux martyrs... de l'Ordre des Frères-Prêcheurs*, seconde partie de septembre, par le P. Jacques Laffon, Amiens 1710, p. 774. (Musée Calvet. H., N° 1063, in-4°, N° 306.)

6° — *Scriptores ordinis Prædicatorum*,... par les PP. J. Quétif et J. Echard, 2 vol. in-f°, Paris 1719-1721, tom. II, p. 493.

7° — *Prædicatorium Avenionense, seu historia conventus avenionensis FF. prædicatorum*, par le P. Jean Mahuet, 1 vol. in-8°; Avignon 1678, p. 218. Mahuet a confondu le jour de la capture et celui du dernier supplice.

8° — *Dictionnaire de Moreri*, 10 vol. in-f° ; Bâle, 1740. — Article *Guillaume Courtet.*

9° — *Missions Dominicaines dans l'Extrême-Orient*, par le R. P. André Marie (Maynard) de l'Ordre des Frères-Prêcheurs, 1865, t. I, p. 342 et suiv.

10° — *Monumenta conventus Tolosani, ordinis FF. prædicatorum :* Tolosæ 1693, de J. J. Percin. A la page 143, anno 1610 usque 1620, on lit W. 4 : « Circa eadem tempora fuit hic Magister Novitiorum « F. Guillelmus Courtet, Serigniacensis in Occitania, et Conventus « Albiensis Professus, Prior Avenionensis et tandem martyr in « Japonia, cujus confessionis clarissimæ gloriam describo in opus- « culo de Martyribus Avenioneti, cap. ultimo... » C'est encore là, à la page 209, que le martyre du P. Courtet est raconté dans les plus grands détails par le P. Nicolas Rodulphe.

11° — Le *diarium italicum*, du P. Dominique Marchese, qui fut publié en italien sous le titre de : « Il sacro diario domenicano, diviso in tomi 6 in-f°, che contengono le vite dei sancti, Beati e Venerabili dell'ordine dei predicatori.» J.-J. Percin cite cet ouvrage.

12° — L'histoire de la religion chrétienne au Japon, par Léon Pagès. Cette histoire nous a fourni des renseignements précis sur le gouvernement, les mœurs, la religion du Japon à l'époque des grandes persécutions, et des détails intéressants sur le débarquement du P. Courtet et de ses compagnons, leur jugement, leurs supplices et leur mort. Voir page 820 à 827.

13° — *Notice sur le Vénérable P. Guillaume Courtet, religieux Dominicain, premier français martyrisé au Japon*, par M. Jules Courtet, ancien sous-préfet. (Imprim. administrative de Gros frères, près l'hôtel-de-ville, Avignon, 1868.) Cette notice suppose de grandes recherches, que l'auteur, à cause de sa position, a pu faire, avec plus de succès que personne dans les archives départementales. Les détails qu'il fournit sur l'origine de Guillaume, sa famille et ses descendants, sont d'une exactitude parfaite.

14° — Enfin *La Tradition et les souvenirs de famille.*— Il y a peu de Sérignanais qui n'aient conservé,bien qu'à 250 ans de distance, la mémoire du martyr de Nangazaki. Ils se sont transmis de père en fils, non seulement l'histoire de son martyre, mais encore des détails sur sa piété qui le rendit l'édification de la paroisse, et attira sur lui l'attention des chanoines de la collégiale. Tous saluent avec respect la maison qui fut son berceau, et la croix élevée en son honneur, après sa mort glorieuse. Mais la vénération du bienheureux est grande surtout au sein de sa famille qui garde deux tableaux représentant les diverses phases de son long martyre et aime à s'édifier par le souvenir de sa vie admirable. Nous sommes heureux de pouvoir ici lui exprimer notre reconnaissance pour l'empressement avec lequel elle a bien voulu nous communiquer les notes qu'elle conserve comme un précieux héritage sur son illustre parent.

FIN.

Table des Matières.

Pages.

DEUXIÈME PARTIE.

LE P. COURTET, APOTRE ET MARTYR.

Imprimé par la Société Saint-Augustin, Desclée, De Brouwer et Cie.

www.ingramcontent.com/pod-product-compliance
Ingram Content Group UK Ltd.
Pitfield, Milton Keynes, MK11 3LW, UK
UKHW021136260726
13994UKWH00001B/167

9 782329 480091